南北区域分化背景下
山东高质量发展思路及对策研究

杨贵生　胡伟　编著

山东大学出版社
SHANDONG UNIVERSITY PRESS
·济南·

图书在版编目(CIP)数据

南北区域分化背景下山东高质量发展思路及对策研究/杨贵生，胡伟编著.—济南：山东大学出版社，2024.4

ISBN 978-7-5607-7698-9

Ⅰ.①南… Ⅱ.①杨… ②胡… Ⅲ.①区域经济发展—研究—山东 Ⅳ.①F127.52

中国国家版本馆 CIP 数据核字(2024)第 060505 号

责任编辑 邵淑君
封面设计 王秋忆

南北区域分化背景下山东高质量发展思路及对策研究
NANBEI QUYU FENHUA BEIJING XIA SHANDONG GAOZHILIANG FAZHAN SILU JI DUICE YANJIU

出版发行 山东大学出版社
社　　址 山东省济南市山大南路 20 号
邮政编码 250100
发行热线 (0531)88363008
经　　销 新华书店
印　　刷 济南乾丰云印刷科技有限公司
规　　格 720 毫米×1000 毫米 1/16
　　　　 13.5 印张 252 千字
版　　次 2024 年 4 月第 1 版
印　　次 2024 年 4 月第 1 次印刷
定　　价 56.00 元

序　言

我国幅员辽阔、疆域广大，各地区的资源禀赋、产业基础、发展阶段有很大差异，区域发展不平衡是我国经济社会发展中长期存在的突出问题，也是全面建设社会主义现代化国家新征程中必须着力解决的问题。一段时间以来，我国区域经济社会发展的空间格局发生了重大变化，呈现出“南快北慢、南强北弱”的基本特征，南北区域分化成为区域发展不平衡的重要表现形式。2019 年 8 月，十九届中央财经委员会第五次会议指出，长三角、珠三角等地区已初步走上高质量发展轨道，一些北方省份增长放缓，全国经济重心进一步南移。2018 年，北方地区经济总量占全国的比重为 38.5%，比 2012 年下降 4.3 个百分点。南北区域分化给我国区域协调发展带来重大挑战，可能诱发一系列经济社会风险，不利于解决新时代社会主要矛盾和实现共同富裕。鉴于此，南北区域分化问题引起了社会各界的广泛关注，相关学术研讨和研究成果大量涌现。但是，聚焦某个特定省份研究南北区域分化问题的成果还不多见。

山东是北方第一经济大省，经济总量约占北方的 1/5。作为典型的北方省份，山东主要经济指标在全国的相对地位全面下滑，一定程度上“拖累”了北方经济发展，成为南北区域分化的重要动因之一。但应该看到，山东综合实力依然强劲，区位条件得天独厚，是联动北方的支点、纵贯南北的枢纽、陆海统筹的样板和深化开放的前沿，具备加快实现高质量发展、率先建成现代化强省的良好基础和条件。推动山东高质量发展，对辐射带动北方经济发展、扭转南北区域分化态势具有重大意义。因此，我们以“解剖麻雀”的方式，对山东这个北方经济大省高质量发展的战略思路和对策进行了较为深入的研究，期望为山东开创新时代社会主义现代化强省建设新局面、“始终走在时代前列”提供一些决策参考，也为北方省份走上高质量发展之路提供一些启示和借鉴。

我们认为，新时代新征程，山东应超前谋划，尽快推动并担纲引领国家重大区域发展战略布局，借势国家战略强化山东在国家区域协调发展格局中的特殊功能和地位；想方设法推动更高水平对外开放，在建设更高水平开放型经济新体制方面“走在前列”；全力打造面向全球竞争的区域经济增长极，以强有力的“双核”城市和半岛城市群引领区域经济发展；下大力气加快产业提质升级步伐，稳住传统优势产业基本盘，抢抓新经济发展机遇；以壮士断腕的决心和魄力优化营商环境，打造人才、技术、资本等产业要素集聚的沃土。在此基础上，我们提出了“鲁辽大联通战略”“环黄海次区域合作战略”“增长极培育战略”“半岛城市群率先实现共同富裕战略”“产业补链建群战略”“营商环境引领战略”等关乎山东中长期发展的一系列战略设想。

在框架结构上，本书分为综论、总报告、专题报告和高层对话等四部分。综论部分考察了我国南北经济格局的历史和现状，从转型视角分析了南北区域分化的深层次原因，提出了推动南北协调发展的政策建议。总报告部分分别横向和纵向对比分析了山东在全国区域经济格局中的地位变化，总结了其影响和原因，结合基础条件和区位优势，提出了推动山东高质量发展的战略思路及建议。专题报告部分对山东经济、产业、科技创新、城市群、对外开放、基础设施、营商环境等七个方面的发展状况进行了定量评价，并提出了下一步的发展战略和建议。高层对话部分收录了研究小组对马晓河、肖金成、王晓红、金碚、邢广程、王进才、刘琦岩、赵刚、张菲等九位专家的深度访谈，从不同角度为山东高质量发展建言献策。

本书是我们对我国南北区域分化背景下山东高质量发展思路及对策的初步思考和建议，由于时间和水平有限，书中难免有疏漏与不足之处，敬请广大读者批评指正。

山东省中长期发展战略研究小组

2024 年 3 月

目　录

第一部分　综　论

第二部分　总报告

第三部分　专题报告

第四部分　高层对话

第一部分　综　论

南北区域发展分化趋势及应对思路

我国经济进入“新常态”以来，区域经济发展的空间格局发生重大变化。2019年中央财经委员会第五次会议系统研究了区域发展问题，习近平总书记在会上的部分讲话以署名文章的形式刊发在《求是》杂志，准确概括了我国区域经济发展中值得关注的新情况、新问题。文中指出，区域经济发展分化态势明显。长三角、珠三角等地区已初步走上高质量发展轨道，一些北方省份增长放缓，全国经济重心进一步南移。[①]

当前，南北区域差距持续扩大已经上升为区域经济发展不平衡的重要表现形式，“南快北慢、南强北弱”成为我国区域经济发展格局的基本特征[②]，且有继续强化的趋势，给区域协调发展带来重大挑战。社会各界对于南北区域发展问题的关注度不断升温，很多学者围绕这一问题进行了大量研究和讨论。[③] 如何重振北方经济，促进中国南北经济空间结构向更加均衡的方向发展，成为“十四五”及中长期区域协调发展的重要课题。在此背景下，本部分对南北经济空间格局的历史和现状进行考察，从转型视角分析南北区域发展分化的深层次原因，并提出推动南北区域协调发展的政策建议。

---

① 习近平.推动形成优势互补高质量发展的区域经济布局[J].求是，2019(24)：4-9.

② 盛来运，郑鑫，周平，等.我国经济发展南北差距扩大的原因分析[J].管理世界，2018，34(9)：16-24.

③ 肖金成，沈体雁，左万水.中国经济南北差距扩大的原因与趋势分析：中国区域经济50人论坛第二十次专题研讨会综述[J].经济与管理，2022，36(1)：40-47.

一、区域非均衡发展理论回顾

区域均衡发展理论基于生产要素自由流动和边际报酬递减的假设认为，市场机制驱动的区域间要素价格趋同会使区域差距自然消失。由于各地区自然资源禀赋的差异性和社会资源配置的非均衡性，经济发展的区域空间差异是客观和长期存在的，因此，区域均衡发展理论不能有效地解释现实中的区域经济发展差异问题。20 世纪中叶以来，西方经济学家在研究区域经济发展规律的基础上，从不同角度提出了区域非均衡发展理论，为解释现实中的区域经济发展差异提供了理论支撑。下面简要回顾最具有代表性的六大区域非均衡发展理论。

（一）循环因果关系理论

瑞典经济学家冈纳·缪尔达尔（Gunnar Myrdal）运用动态分析方法，提出经济发展中存在循环累积因果原理。他认为，经济力和社会力的作用使有利地区的累积扩张以牺牲其他地区为代价，导致后者的状况相对恶化并延缓它们的进一步发展，由此将导致不平等状态的强化。由于地区间人均收入和工资水平差距的存在，某些区域发展得快一些，另一些区域发展相对较慢。一旦某些区域由于初始优势而发展超前于其他区域，在既得优势的基础上会继续超前发展，从而发展快的区域发展更快，发展慢的区域发展则更慢。这一过程导致了地理上的二元经济结构的形成和区域经济差异的扩大。

缪尔达尔用扩展效应与回流效应两个概念来说明这种累积性因果关系。扩展效应是指一个地区的经济增长对另一个地区的经济增长产生有利影响的效应，其中包括市场、技术、信息等先进生产要素的扩散。回流效应是指一个地区的经济增长对另一个地区的经济增长产生不利影响的效应，其中包括劳动、资本等要素从经济增长缓慢的地区流向经济增长迅速的地区，污染严重的项目由先进地区转移到落后地区。这两种效应虽有可能相互抵消，但这种平衡并不是一种稳态均衡，力量对比的任何变化都会导致系统作出向上或向下的累积运动。发达国家（区域）的扩展效应较强，而不发达国家（区域）的回流效应较强。因此，不发达国家（区域）市场力量的作用会加剧区域经济差异的扩大。

（二）增长极理论

法国经济学家弗朗索瓦·佩鲁（François Perroux）于 20 世纪 50 年代提出

增长极理论，后经法国地理学家J.布德维尔(J. Boudeville)和美国发展经济学家阿尔伯特·赫希曼(Albert Hirschman)进一步发展完善。佩鲁认为，在某一特定的经济空间存在着若干经济中心或极，它会产生类似于磁极作用的磁力场。经济增长是不同部门、行业、地区按不同速度进行的不平衡发展过程，在这个过程中，经济增长首先发生在具有创新能力的企业、部门和地区，增长极的形成是通过具有创新能力的主导企业在某些地区聚集而形成的一个集生产、科技、人才、金融等多种经济功能于一体的经济中心，导致资本与技术高度集中，形成规模经济，并通过自身迅速增长对周围地区产生强大的扩散作用，可带动周围地区共同发展。

增长极具有两方面的效应：一是极化效应，也就是"向心力"，即这些极点对周围地区产生一定的吸引力和吸纳力，吸引周围地区的经济要素不断向极点聚集，在极点地区产生了规模经济效益，增强了极点的自我发展能力和竞争能力。二是扩散效应，也就是"离心力"，即增长极的生产要素向外围转移，对周围地区产生辐射作用。

增长极理论建立在区域经济发展不平衡规律的基础上，它强调首先要尽可能把有限的资源集中到发展潜力大、经济效益好的地区，不断培育经济发展中的增长极，强化增长极的实力，然后通过扩散效应发挥对周围地区的支配力和影响力。

(三)区域经济梯度转移理论

区域经济梯度转移理论由美国经济学家雷蒙德·弗农(Raymond Vernon)提出，其主要观点是，在一个大区域范围内，由于地理环境、发展条件、历史基础等，区际经济发展是不平衡的，客观上存在经济技术梯度。经济创新活动所包含的新产业、新产品、新工艺、新技术和新管理方法的创建和运用首先发源于高梯度地区，然后随着时间的推移逐步向低梯度地区转移。①

弗农把生命循环论引用到经济梯度转移分析中，认为经济在发展过程中必须经历创新、发展、成熟和衰老四个阶段，各工业部门在不同时期处于不同的生命循环阶段。区域经济的盛衰主要取决于产业结构的优劣，而产业结构的优劣主要取决于地区经济部门特别是主导部门在生产循环中所处的阶段。如果一个地区的主导部门是由处于创新阶段部门组成的，那么这个地区就是高梯度地

① 林元旦.区域经济非均衡发展理论及创新[J].中国行政管理，2004(6)：35-38.

区;如果一个地区的主导部门是由处于衰老阶段的部门组成的,那么这个地区就是低梯度地区。每一个国家或地区在某一时期总是处在一定的经济发展梯度上,每一种新技术、新产品、新行业都会随着时间的推移,如接力赛一样由高梯度地区向低梯度地区传递。影响梯度转移的速度、频度和梯度值的最关键因素就是创新能力,具有较高创新能力的高梯度地区通过不断向低梯度地区转移经济发展能力,成为引导经济全面增长的引擎。

但是,不能绝对地、机械地理解梯度转移理论,梯度转移的实现没有固定的模式和程序,不排除落后的低梯度地区直接通过发展高科技产业实现超常规发展,也不排除低梯度地区在某些领域向高梯度地区转移,实现反梯度转移的可能。

(四)不平衡增长理论

美国发展经济学家赫希曼将不平衡增长理论应用到区域分析中。他认为,在经济发展过程中,存在极化效应和涓流效应。极化效应将导致发达地区与落后地区之间经济发展差异日益扩大,涓流效应则有助于缩小二者之间的经济发展差异。从长期来看,在经济增长中发达国家和地区会产生聚集不经济,从而促使产业向四周扩散。

赫希曼还认为,产业之间缺乏相互联系是欠发达地区的典型特征,而缺乏产生“后向联系”的效率部门是欠发达地区的最大弱点。因此,从资源有效配置的角度看,在经济发展初期,应考虑如何把有限的资源分配到最有生产潜力和联系效应最大的产业部门,通过这些产业的优先发展来解决经济发展的瓶颈(如工业投资缺乏)问题,并通过它们的发展带动其他产业发展。然而,当经济发展达到较高水平时,从工业化和快速发展经济的角度来看,国民经济各部门需要进行一定的协调,保持一定的均衡。该理论在一定程度上揭示了国民经济各产业部门之间的内在联系,为一个国家或地区从总体上确定各产业部门优先发展次序提供了一种理论依据和有效的政策工具。①

(五)中心—外围理论

美国城市与区域规划学家约翰·弗里德曼(John Friedmann)以中心地体系与区域经济发展不平衡思想为基础提出了中心—外围理论。与循环累积因

① 卢文忠,邓菲.区域经济差距研究的理论综述[J].理论月刊,2005(11):139-144.

果原理从狭义的经济角度探讨区域不平等的原因不同，弗里德曼从更广泛的范围研究区际不平等的过程，把落后地区看作与中心保持着“殖民”关系、有依赖的且缺乏经济自主权的外围区。他认为，经济发展本身就是一个极化的过程，因为发展通常起源于少数创新和变革中心，技术、制度等各方面的变革会将区域划分为一个完整的“中心—外围”的二元结构空间。由于技术、资本等要素的缺失，外围地区会在经济上处于被支配地位。但是，随着创新的普及、市场的扩大以及政府的调控，二元结构将趋于消失，“中心—外围”的空间结构将逐步向着经济一体化方向发展。

中心—外围不平衡发展理论思想已经被广泛应用于区域研究中，中心区增长会扩大中心与外围的差异从而导致区域不平衡发展的观念，已经成为各国制定区域发展政策的重要依据。

（六）新经济地理学

以美国经济学家保罗·克鲁格曼（Paul Krugman）为代表的新经济地理学派从规模报酬递增和不完全竞争的理论假设出发，对空间经济结构及变化过程进行重新考察，有力地解释了经济活动的空间集聚和扩散现象。克鲁格曼认为，在一个不具有自然禀赋、绝对优势和比较优势等先天因素的世界，在存在运输成本的前提下，厂商面临着规模报酬递增所要求的生产规模扩张与满足消费者的多样化需求之间的两难冲突。

运输成本的变化对经济活动空间分布的影响是非线性的和非单调的，厂商之间的引力（向心力）与斥力（离心力）相互作用的结果将最终决定经济活动是在特定空间上集聚还是沿着整个空间分散。当运输成本较高时，厂商之间的斥力（离心力）居于主导地位，经济活动将分散在整个空间。随着技术和通信的发展，运输成本将不断下降，厂商之间的引力（向心力）也逐渐增强。当运输成本下降到某一临界点后，经济活动便向某一区域聚集。随着运输成本的进一步下降，厂商间的引力趋于减小，斥力逐渐增大，使得经济活动重新发散在整个空间。

上述区域经济非均衡发展理论的共性在于，它们都认为二元经济条件下的区域经济发展轨迹必然是非均衡的，但随着经济发展水平的提高，二元经济必然会向更高层次的一元经济过渡。其主要区别在于，它们分别从不同的角度来论述均衡与增长的替代关系，因而各有其适用范围。

二、关于南北区域发展分化的研究述评

当前，我国发展不平衡不充分的一个重要方面就是各地区经济发展水平参差不齐。早在1935年，我国地理学家胡焕庸就提出以“瑷珲—腾冲”一线作为划分我国人口密度和经济社会格局的对比分界线，后被称为“胡焕庸线”，其东南侧以43.8%的国土居住着全国96%的人口，西北侧居住着其余4%的人口。经过近90年的发展，“胡焕庸线”两侧巨大的人口密度和经济发展水平差距依旧没有多大改观。

改革开放后，东南沿海地区率先对外开放，依托港口航运的便利交通优势和国家政策倾斜，大力发展外向型经济，深度融入全球产业分工，形成珠三角和长三角两大区域经济增长极，并逐渐辐射带动内陆地区快速发展。20世纪90年代后，南北经济发展差异开始引起相关学者的关注。赵建安①、周民良②、吴殿廷③等学者注意到南北产业结构和经济基础存在差异，南方地区市场发育与开放程度较高，工业结构存在“南轻北重”等现象，但彼时南北差距不大，尚未引发广泛而持续的关注。

全球金融危机之后，我国加快产业结构调整和转型升级步伐，特别是经济进入中高速增长的“新常态”以来，“南快北慢”的发展局面逐渐形成，南北经济发展差距逐步凸显，成为学术界关注的焦点，关于南北差距扩大的研究增多，涵盖南北经济发展差距的测度、南北经济发展差距演变历程、南北经济发展差距扩大的成因、南北平衡发展对策建议等方面。

（一）南北经济发展差距的测度

关于南北区域划分，多数学者以“秦岭—淮河”的地理学南北分界线为主，辅之经济学视角进行划分，北方地区包括黑、吉、辽、蒙、京、津、冀、晋、鲁、豫、陕、甘、宁、新、青15个省区市，其余16个省区市（不含港澳台地区）为南方地区。④ 各个学者对南北经济差异的观测维度不尽相同，选取的考察视角和评价指标不一，包括经济总量及增速、人口集聚流动、居民可支配收入水平等。盛

---

① 赵建安.中国南北区域经济发展的互补性研究[J].地理研究，1998(4)：375-382.

② 周民良.经济重心、区域差距与协调发展[J].中国社会科学，2000(2)：42-53，206.

③ 吴殿廷.试论中国经济增长的南北差异[J].地理研究，2001(2)：238-246.

④ 许宪春，雷泽坤，窦园园，等.中国南北平衡发展差距研究：基于“中国平衡发展指数”的综合分析[J].中国工业经济，2021(2)：5-22.

垒、权衡发现，近年来南方地区经济发展普遍好于北方地区，呈现“南快北慢”“南升北降”的趋势，成为区域经济发展的新变化。[①] 张存刚、王传智认为，南北经济差距主要表现在地区生产总值、城市竞争力和地区一般公共预算收入等方面。[②] 孙久文、李华提到，区域相对差距缩小、绝对差距扩大[③]，东北经济下行压力较大，西北也出现较大降幅，而西南地区增速加快[④]。

（二）南北经济发展差距演变历程

学术界对我国南北经济发展差距的演变历程进行了深入探讨。杨多贵等认为，1953 年以来我国南北区域经济发展的差距演变历程可划分为均衡发展（1953—1978 年）、差距分化（1979—2003 年）、调整缓和（2004—2012 年）、差距激增（2013 年以来）四个阶段。[⑤] 杜宇、吴传清将 1952 年以来南北经济发展差距变化划分为均衡发展（1952—1977 年）、相对平衡发展（1978—2012 年）、差距持续分化（2013 年以来）三个阶段。[⑥] 多数学者普遍认为，2012 年、2013 年是我国南北经济发展差距扩大的起始节点。

（三）南北经济发展差距扩大的成因分析

关于南北经济发展差距扩大的成因，学术界进行了深入探讨。盛来运等认为，南北经济差距扩大主要源于北方资本积累速度较慢，受到经济体制机制改革滞后、经济结构不合理、人力资本流出等因素的影响。[⑦] 年猛认为，北方大部分地区以重化工业、资源型产业、国有企业为主，存在产业结构过重、所有制结

---

① 盛垒，权衡.区域经济分化态势与经济新常态地理格局[J].复旦学报（社会科学版），2018，60(3)：135-145.

② 张存刚，王传智.中国南北区域经济发展差异问题分析及建议[J].兰州文理学院学报（社会科学版），2019，35(6)：57-65.

③ 孙久文，李华.我国区域经济发展的新特征与新趋势[J].贵州社会科学，2017(3)：120-126.

④ 孙久文.“建立更加有效的区域协调发展新机制”笔谈：中国区域经济发展的空间特征与演变趋势[J].中国工业经济，2017(11)：26-31.

⑤ 杨多贵，刘开迪，周志田.我国南北地区经济发展差距及演变分析[J].中国科学院院刊，2018，33(10)：1083-1092.

⑥ 杜宇，吴传清.中国南北经济差距扩大：现象、成因与对策[J].安徽大学学报（哲学社会科学版），2020，44(1)：148-156.

⑦ 盛来运，郑鑫，周平，等.我国经济发展南北差距扩大的原因分析[J].管理世界，2018，34(9)：16-24.

构不尽合理等问题。[①] 李培林认为，对资源性产业、重工业的结构性路径依赖和对国有经济、单位制的体制性路径依赖，束缚和阻碍了东北地区产业结构升级和市场化转型。[②] 李善同等从全球价值链分工角度分析，认为在全国投资趋势性大幅减速背景下，高度依赖投资拉动的重化工业价值链的北方经济缺乏韧性。[③] 大宗商品价格、自然因素等也可能影响南北差距。[④] 此外，北方地区营商环境和创新投入不足也被认为是影响因素。[⑤]

（四）南北平衡发展对策建议

为缩小南北经济发展差距，学者提出系列政策建议，比较有代表性的有：通过实施重大区域发展战略来辐射带动北方地区[⑥]；加强南北产业联动，构建南北方协同发展机制[⑦]；加快推进东北地区产业重组和转型升级，积极帮助东北地区实现脱困振兴[⑧]；优化营商环境，培育创新主体；深化国资国企改革，促进民营经济发展；打造北方地区对外开放新高地，用好国内国际两个市场、两种资源；优化区域软环境，增强北方地区对人才的吸引力等。

（五）南北差距问题学术研讨

随着南北差距问题逐渐引起各界关注，相关的学术研讨逐渐深入。2021 年 7 月 25 日，“中国区域经济 50 人论坛”举办第 20 次专题研讨会，围绕“南北差距扩大的原因与趋势”这一主题进行研讨。中央政策研究室研究员郑新立认为，与南方各省份相比，北方各省份在产业升级、改革开放、环境治理、市场观念四个方面明显滞后。这四个滞后，也可以培育成四个经济增长点，只要通过改革

---

① 年猛.中国南北经济差异的原因透视[J].群言，2019(8)：13-15.

② 李培林.理解与应对：我国新发展阶段的南北差距[J].社会发展研究，2022，9(1)：1-13，242.

③ 李善同，何建武，唐泽地.从价值链分工看中国经济发展南北差距的扩大[J].中国经济报告，2019(2)：16-21.

④ 周晓波，陈璋，王继源.中国南北方经济分化的现状、原因与对策：一个需要重视的新趋势[J].河北经贸大学学报，2019，40(3)：1-9，39.

⑤ 闫佳敏，沈坤荣.中国南北经济差距的测度及原因分析[J].首都经济贸易大学学报，2022，24(2)：3-14.

⑥ 盛来运，郑鑫，周平，等.我国经济发展南北差距扩大的原因分析[J].管理世界，2018，34(9)：16-24.

⑦ 年猛.中国南北经济差异的原因透视[J].群言，2019(8)：13-15.

⑧ 魏后凯，年猛，李功.“十四五”时期中国区域发展战略与政策[J].中国工业经济，2020(5)：5-22.

开放将北方各省份的发展潜力释放出来，北方就有希望赶上南方。国家发展改革委原副秘书长范恒山认为，南北差距问题近年来逐渐凸显，既反映了我国区域发展的新变化，又展露了国家经济社会发展中的新挑战。正确认识、科学对待、积极应对南北差距问题，对促进区域协调发展，推动全国实现更高质量、更有效率、更加公平、更可持续、更为安全的发展具有重要的意义。[①] 国家发改委国土开发与地区经济研究所原所长肖金成认为，南北差距扩大由来已久，但是“南盛北衰”是一个假问题，不宜过度炒作，因为各地发展情况千差万别，原因和问题不能一概而论，建议各地区发挥自身的优势，发展特色经济，注重公共服务水平的均等化，不要局限于“占多大的比重”这一指标。

三、南北经济空间格局的演变

新中国成立以来，我国南北经济空间格局经历了数次演变，根据南北方[②] GDP 占全国的比重及人均 GDP 差距的演变特征，可以将南北经济差距变化分为三个阶段：一是新中国成立后到改革开放前（1949—1977 年），重工业布局提升北方经济发展水平，南北差距逐步缩小；二是改革开放以后至党的十八大胜利召开（1978—2012 年），南方经济开启了赶超北方的进程，逐步形成了以四大板块为基础、南北发展相对平衡的空间格局；三是进入经济“新常态”后（2013 年以来），北方多数省份经济增速呈快速下行态势，南方经济转型态势良好，南北差距持续扩大。

（一）1949—1977 年：北强南弱，均衡发展

该阶段生产力空间布局变化主要受到地缘政治环境和国防安全的影响。“一五”时期以 156 项重点工程为核心的重工业项目奠定了我国的工业化基础，也为此后的经济空间演变埋下了伏笔。实际开工的 150 项重点工程主要集中于两大区域：一是由辽宁、黑龙江、吉林组成的东北区域，分布项目数为 56 项；二是由陕西、山西、河南、甘肃组成的北方内陆区域，分布项目数为 57 项。南方

① 郑新立，范恒山，董雪兵，等.构建新发展格局 推进区域协调发展：南北差距研讨会发言摘编[J].河北经贸大学学报（综合版），2021，21（4）：26-36.

② 本书中南方、北方地区以秦岭—淮河一线的地理分界线划分，北方地区包括东北（辽宁、吉林、黑龙江）、华北（北京、天津、河北、山西、内蒙古）、西北（陕西、甘肃、宁夏、青海、新疆）以及华东地区的山东、中南地区的河南等 15 个省（区、市），南方包括华东（除山东）、中南（除河南）和西南地区的 16 个省（区、市）。

省份分布项目数仅有 22 项，仅占到开工项目总数的 15%。[①] 因此，20 世纪 50 年代北方经济增速和重工业化进程明显快于南方，1960 年南方和北方 GDP 占全国的比重接近 1∶1，但南方人均 GDP 仅为北方的 3/4。

20 世纪 60 年代后，我国开始纠偏国民经济比例严重失调问题，重工业化进程放缓，北方经济增速受到较大冲击。1964 年开启的三线建设给全国的生产力布局带来重大挑战，“三五”时期国家对三线地区的基本建设投资占到了全国的一半，而西南地区的四川、贵州、云南等省份成为首批重点建设对象。随着中苏关系恶化和中美关系缓和，南北方的发展环境发生重大变化。20 世纪六七十年代，南北方进入相对均衡的发展阶段，但发展水平“北强南弱”的基本格局没有发生扭转（见图 1）。

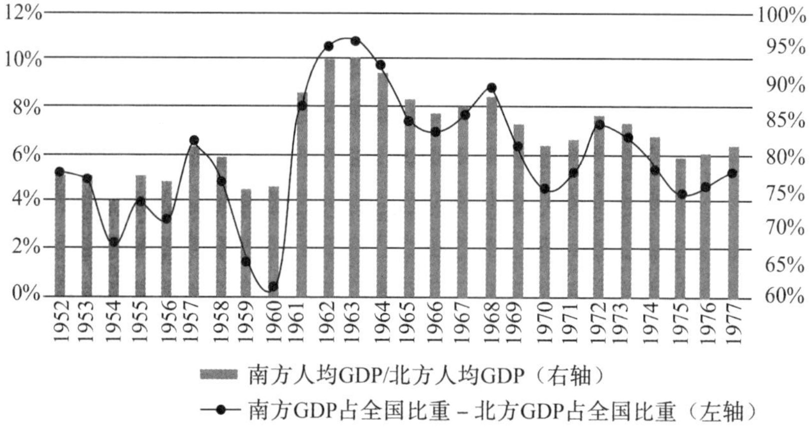

图 1　1952—1977 年南北方经济差距变化

资料来源：国家统计局国民经济综合统计司.新中国六十年统计资料汇编[M].中国统计出版社，2010.

（二）1978—2012 年：南方追赶，空间优化

改革开放后，我国开启了向市场化转轨的经济体制改革，市场化和开放红利成为 20 世纪八九十年代经济增长的核心动力，各地区改革开放进程直接作用于经济绩效，东南沿海凭借优越的地理区位成为改革开放政策的最大受益者，首批 4 个经济特区和 14 个沿海开放城市中的 9 个城市均处于东南沿海，带

① 董志凯，吴江.新中国工业的奠基石：156 项建设研究（1950—2000）[M].广东经济出版社，2004：143.

动了长三角、珠三角等地区成长为劳动密集型工业集聚区。到20世纪90年代中叶，南方经济增速显著高于北方，1978—1995年南方GDP占全国的比重提高了5个百分点，90年代中后期南方人均GDP开始短暂超过北方，“北强南弱”的局面得到扭转(见图2)。

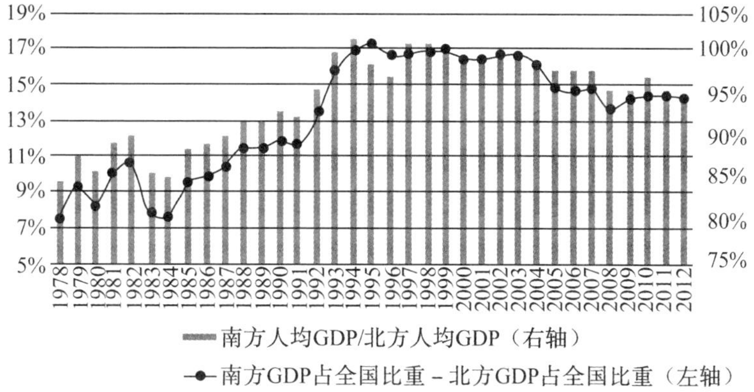

图2 1978—2012年南北方经济差距变化

资料来源：国家统计局国民经济综合统计司.新中国六十年统计资料汇编[M].中国统计出版社，2010.

然而，20世纪90年代后期我国开启了高速的重工业化浪潮，打断了南方赶超北方的进程。1999—2005年短短6年间我国重工业占工业总产值的比重上升了18.1个百分点，此后重工业占比进一步提高，2011年重工业占比达到历史最高点71.8%，工业结构呈现重型化特征。① 由于北方工业结构明显偏重，重工业化进程大大刺激了北方经济增长，北方的人均GDP反超南方，不过并未明显拉开差距。2012年，南方与北方GDP之比为57.1∶42.9，南方人均GDP为北方的95.3%，二者发展水平大致相当。

在该阶段，形成了南方以长三角和珠三角为核心、北方以环渤海经济圈为核心的区域增长极，南北方发展水平差距明显缩小，南北空间结构趋于优化。

(三)2013年至今：差距拉大，南北分化

经济进入增速换挡、结构优化、动力转换的“新常态”后，中国经济从高速增长转向中高速增长，南方各项经济指标开始全面超过北方并呈现差距逐渐拉大的趋势，南北分化愈演愈烈(见图3)。

① 邓洲，于畅.新中国70年工业经济的结构变迁[J].China Economist，2019，14(4)：14-39.

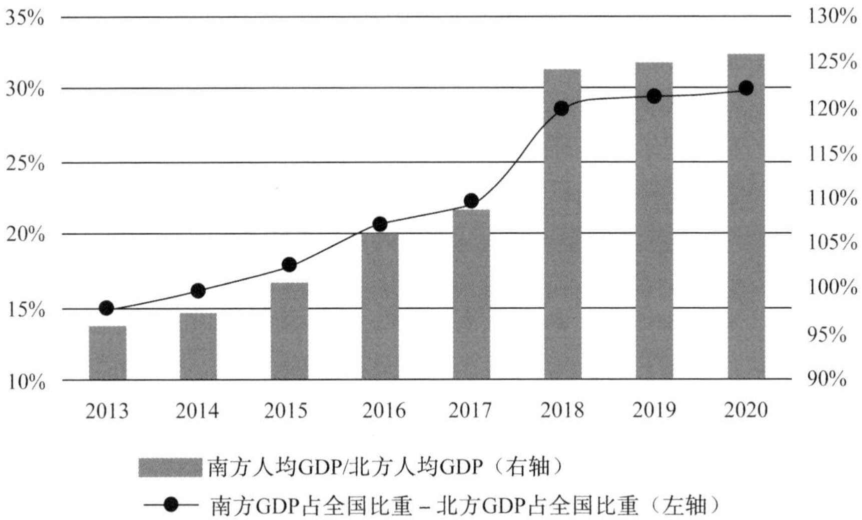

图 3　2013—2020 年南北方经济差距变化

资料来源：国家统计局。

从基本经济指标看，南北差距拉大体现在三个方面：一是增长速度"南快北慢"，2010—2020 年北方名义 GDP 增速落后南方 3.5 个百分点，且北方经济下行速度更快，"十三五"期间北方 GDP 名义增速仅为 3.7%，大幅落后于南方。二是经济总量"南多北少"，2010—2020 年南方 GDP 占全国的比重上升了 7.6 个百分点，此间全国 70.5%的 GDP 增量由南方创造，2020 年南方与北方 GDP 之比变为 64.8∶35.2，南方超过北方 29.6 个百分点。三是发展水平"南高北低"，南方人均 GDP 也大幅高于北方，2014 年之前二者始终不相上下，2020 年南方人均 GDP 已经超出北方 25.6%，人均 GDP 彻底完成从"北高南低"向"南高北低"的转变。

2018 年南北差距急剧扩大主要是统计调整的结果。第四次全国经济普查下调修正了 14 个省份 2018 年的 GDP 数据，其中 12 个省份为北方省份。统计调整导致 2018 年北方 GDP 下调 2.56 万亿元，南方 GDP 则上调 2.5 万亿元，南北方 GDP 之比从调整前的 61.5∶38.5 扩大至调整后的 64.3∶35.7。

从北方内部看，2013 年以来东北、华北、西北等各板块的经济增速都出现了大幅下滑，其中东北地区甚至出现负增长的严峻局面，给南北差距扩大造成了严重影响。15 个北方省份中，2010—2020 年有 10 个省份的 GDP 占全国的比重显著下降，山东、辽宁、河北、黑龙江等省份 GDP 占全国的比重下降 1 个百分点以上，四省合计构成了北方GDP下滑约2/3的来源（见表1）。2020年，除了北京、天津两个直辖市外，北方没有一个省份的人均GDP超过全国平均水平。北方缺少经济辐射带动效应强劲的核心城市，2020年全国GDP排前10位的城市中，仅有北京一个北方城市。在北京逐步淡化“经济中心”职能的背景下，迫切需要新的增长极来引领北方发展。

从南方内部看，东、中、西三大地带的发展速度均快于北方对应地区，华东（除山东）、中南（除河南）、西南等各板块的发展势头良好，尤其西南地区在“十二五”和“十三五”期间名义GDP年均增速均保持两位数高增长，成渝崛起为新的区域增长极，带动西南地区GDP占全国的比重大幅提高3个百分点。16个南方省份中，2010—2020年仅上海GDP占全国的比重略微下降，其余省份GDP占全国的比重均有所提高，其中安徽、福建、四川、云南、贵州等省份的上升幅度较大。

除了基本经济指标外，南北方差距扩大还表现为速度、规模、水平、结构、质量、效益等经济指标的全面分化，甚至表现为经济和社会发展的系统性差距，亟须引起高度重视。

表1 2010—2020年各地GDP占全国的比重及名义增速变化 单位：%

	GDP占全国的比重				名义GDP年均增速		
	2010年	2015年	2020年	2020—2010年	2020—2010年	“十二五”	“十三五”
北方	42.81	41.13	35.22	−7.59	6.66	9.70	3.71
华北	14.78	13.83	11.99	−2.79	6.51	9.12	3.96
北京	3.23	3.18	3.57	0.34	9.85	10.27	9.42
天津	2.11	2.29	1.39	−0.72	4.32	12.39	−3.16
河北	4.67	4.12	3.58	−1.09	5.91	7.88	3.97
山西	2.11	1.77	1.74	−0.36	6.73	6.77	6.70
内蒙古	2.67	2.47	1.71	−0.96	4.05	8.85	−0.53
东北	8.58	8.00	5.05	−3.53	3.15	9.05	−2.43
辽宁	4.22	3.97	2.48	−1.74	3.13	9.21	−2.61
吉林	1.98	1.95	1.22	−0.76	3.57	10.16	−2.63
黑龙江	2.37	2.09	1.35	−1.02	2.82	7.78	−1.91
西北	5.2	5.46	5.52	0.32	9.42	11.70	7.22

续表

	GDP 占全国的比重				名义 GDP 年均增速		
	2010 年	2015 年	2020 年	2020—2010 年	2020—2010 年	“十二五”	“十三五”
陕西	2.32	2.49	2.59	0.27	9.97	12.23	7.76
甘肃	0.94	0.94	0.89	−0.05	8.15	10.51	5.84
青海	0.31	0.33	0.3	−0.01	8.33	12.35	4.46
宁夏	0.39	0.40	0.39	0	8.78	11.50	6.13
新疆	1.24	1.29	1.36	0.12	9.76	11.39	8.15
山东	8.96	8.72	7.22	−1.74	6.44	9.97	3.03
河南	5.28	5.12	5.43	0.15	9.07	9.89	8.25
南方	57.19	58.87	64.78	7.59	10.13	11.20	9.04
华东（除山东）	28.11	28.06	31.05	2.94	9.85	10.60	9.15
上海	3.93	3.48	3.82	−0.11	8.47	7.92	9.03
江苏	9.48	9.70	10.15	0.67	9.51	11.10	7.94
浙江	6.34	5.93	6.38	0.04	8.83	9.12	8.54
安徽	2.83	3.04	3.82	0.99	12.09	12.23	11.94
福建	3.37	3.59	4.34	0.97	11.53	12.01	11.06
江西	2.16	2.31	2.54	0.38	10.52	12.09	8.97
中南（除河南）	20.51	21.00	22.09	1.58	9.57	11.10	8.07
湖北	3.65	4.09	4.29	0.64	10.53	13.10	8.01
湖南	3.67	4.00	4.13	0.46	10.05	12.50	7.65
广东	10.53	10.07	10.94	0.41	9.18	9.61	8.75
广西	2.19	2.32	2.19	0	8.76	11.92	5.69
海南	0.47	0.51	0.55	0.08	10.36	12.39	8.36
西南	8.57	9.81	11.64	3.07	12.15	13.60	10.69
重庆	1.81	2.17	2.47	0.66	12.17	14.68	9.73
四川	3.93	4.16	4.8	0.87	10.95	11.83	10.09
贵州	1.05	1.45	1.76	0.71	14.5	17.94	11.16
云南	1.65	1.88	2.42	0.77	13.00	13.52	12.48
西藏	0.12	0.14	0.19	0.07	14.13	15.13	13.14
全国	100	100	100	0	8.76	10.58	6.97

资料来源：国家统计局。

四、转型视角下南北发展分化的成因分析

经过大量的数据统计分析，学者普遍认为 2013 年是南北经济差距持续拉大的关键时间节点。然而，2013 年并没有发生足以促使南北差距扩大的重大经济事件，这一现象着实令人费解。[①] 为此，学者从不同角度探讨了南北差距扩大的成因，归纳起来大致可以分为六类观点：(1)自然论，从地理位置、气候、自然资源禀赋(如矿产资源、水资源)等视角解释南北差距的自然成因及必然性；(2)政策论，从国家开放政策、重大区域政策倾斜等视角分析中央政策对南北差距的影响；(3)体制论，从市场化水平(如政府干预程度、民营经济发展、对外开放水平)、营商环境、治理能力等视角探讨南北差距背后的深层次体制机制因素；(4)文化论，从文化习俗、社会观念、商业文化、思想交流等视角分析南北差距潜在的非正式制度因素；(5)结构论，从产业结构变迁、投资结构等视角将南北差距演化内生化；(6)要素论，从劳动力、货币资本、人力资本、技术、企业家精神等要素协调性、集聚性和流动性及要素配置效率的视角研究其对南北差距的影响。

南北差距扩大是全方位、系统性的，具有错综复杂的系统性原因，上述观点在一定程度上可以解释南北分化现象，但要重点解释 2013 年以来的南北差距并提出相应的对策建议，这些论断都显得太过笼统，因为很多成因由来已久，并非近年来刚出现。为了解释为何 2013 年后我国南北差距急剧扩大，我们结合中国工业化阶段的演变，从转型视角构建经济系统内生性分析框架(见图 4)。

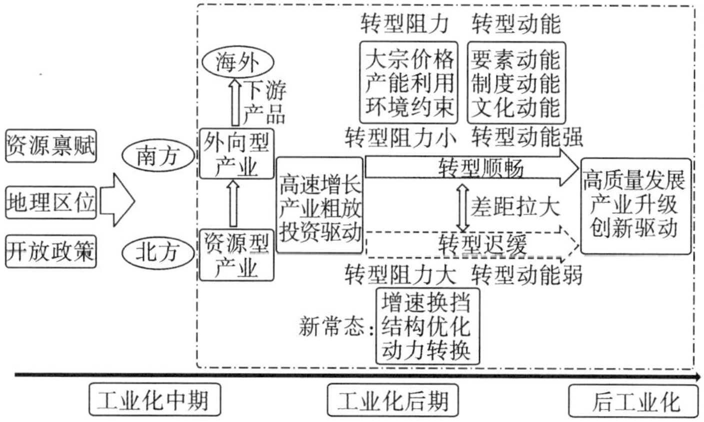

图 4 南北方经济转型分析框架

---

① 邓忠奇，高廷帆，朱峰.地区差距与供给侧结构性改革："三期叠加"下的内生增长[J].经济研究，2020，55(10)：22-37.

(一)“南轻北重”产业分工格局的形成

改革开放以来,我国利用发达国家产业转移和全球价值链分工深化的契机,充分发挥自身的比较优势,在深度融入全球价值链的过程中成长为“世界工厂”。在此过程中,市场化、全球化、工业化、城镇化等因素共同造就了中国经济的高速增长,南北方产业分工格局也在此阶段形成。

由于资源禀赋、地理区位和开放政策的综合影响,我国形成了“南轻北重、南下北上、南外北内”的南北产业分工格局。(1)从资源禀赋看,北方矿产资源储量丰富,石油、煤炭、铁矿石等主要矿产资源的储量占全国的比重分别高达98.0%、85.8%和72.5%,为发展采矿业及金属冶炼、石油化工等上游资源型行业提供了得天独厚的条件。南方除了少数有色金属储量占据优势,整体矿产资源储量较为匮乏。(2)从地理区位看,南海航道是世界上重要的海上交通线,中国与欧盟、东盟和非洲等贸易伙伴进行贸易均需通过南海航道,东南沿海天然具有运输成本优势,便于发展以最终产品生产为主的外向型行业。[①] 北方仅在面向对东北亚的区域贸易中具备地理区位优势。(3)从开放政策看,20世纪80年代我国的对外开放从东南沿海起步,1993年设立上海浦东新区使开放提速,长三角和珠三角地区受益于率先开放政策,外向型经济进入起飞阶段,南方与全球市场的联系趋于紧密。与长三角、珠三角相比,环渤海地区的开放时间和开放程度明显不占优势。

20世纪90年代末开启的重化工业阶段进一步强化了“南轻北重”的产业分工格局。“南轻北重”体现在三个方面:一是从工业轻重结构看,北方重工业占工业的比重明显高于南方(见表2)。2011年是我国重工业占比的历史最高点,当年北方重工业总产值、总资产分别占工业的76.7%、83.6%,分别高出南方8.4个和11.9个百分点。重工业占比最高的10个省份全部位于北方。二是从工业要素密集程度看,北方重资产行业占比大幅高于南方(见表3至表6)。2013年北方工业中资本密集型行业占比为44.5%,高出南方12.4个百分点。三是从经济增长方式看,北方经济增长更依赖资本形成的贡献(见表7和图5)。2000—2012年北方平均资本形成率为53%,高出南方7.1个百分点,南方则对最终消费和净出口的依赖程度更高。

---

① 杨明洪,巨栋,涂开均.“南北差距”:中国区域发展格局演化的事实、成因与政策响应[J].经济理论与经济管理,2021,41(4):97-112.

具体到细分工业行业，“南轻北重”的产业分工格局体现得非常明显。2013年北方工业占比前五大行业中，仅农副食品加工业属于轻工业，仅化学原料和化学制品制造业属于非资源型行业。同时，北方占全国比重最高的10个工业行业中，前6个均为采矿业，仅有食品制造业属于非资源型行业。相比之下，2013年南方工业占比前五大行业中仅有排名第5位的黑色金属冶炼和压延加工业属于资源型行业，占全国比重最高的10个工业行业中也仅有烟草制品业属于资源型行业。尽管2013年人均GDP显示北方具有更高的发展水平，但产业分工格局决定了在接下来的经济转型中南方拥有更大的主动权。

表2　2011年各地重工业占比情况　　单位：%

	总产值		总资产	
	重工业占全部工业比重	重工业占全国比重	重工业占全部工业比重	重工业占全国比重
北方	76.68	45.13	83.55	48.15
华北	83.43	14.97	88.41	19.21
北京	84.65	2.03	88.99	4.33
天津	82.65	2.84	82.49	2.76
河北	80.06	5.24	85.22	4.86
山西	94.48	2.49	95.95	4.09
内蒙古	80.94	2.37	89.28	3.16
东北	77.32	8.95	83.77	8.90
辽宁	80.51	5.55	86.77	5.24
吉林	72.47	2.02	78.96	1.81
黑龙江	72.85	1.38	80.67	1.85
西北	87.06	4.53	90.51	7.25
陕西	85.28	2.01	92.27	3.06
甘肃	89.16	0.91	89.52	1.32
青海	92.33	0.29	94.81	0.62
宁夏	85.30	0.35	86.46	0.67
新疆	88.07	0.98	88.25	1.58
山东	68.98	11.32	73.02	8.54

续表

	总产值		总资产	
	重工业占全部工业比重	重工业占全国比重	重工业占全部工业比重	重工业占全国比重
河南	69.38	5.36	76.33	4.26
南方	68.30	54.87	71.70	51.85
华东（除山东）	69.40	30.64	70.65	27.75
上海	79.08	4.23	78.08	4.42
江苏	74.43	13.21	75.15	11.02
浙江	61.05	5.68	59.27	5.77
安徽	68.57	2.93	78.73	2.90
福建	55.11	2.49	59.78	2.14
江西	70.97	2.10	76.66	1.51
中南（除河南）	66.00	17.82	70.75	16.04
湖北	70.30	3.25	80.72	3.59
湖南	72.38	3.15	77.60	2.31
广东	61.97	9.69	65.73	8.51
广西	71.89	1.52	72.82	1.43
海南	77.20	0.20	59.47	0.20
西南	69.83	6.41	77.80	8.05
重庆	71.56	1.40	75.73	1.36
四川	66.82	3.36	77.02	3.87
贵州	78.57	0.72	82.85	1.11
云南	72.84	0.93	77.98	1.66
西藏	65.34	0.01	84.91	0.06
全国	71.85	100.00	76.96	100.00

资料来源：《中国工业统计年鉴（2012）》。

表 3　2013 年和 2019 年南北方前五大工业行业对比　单位：%

2013 年					
南方			北方		
行业	营业收入占全部工业比重	营业收入占全国比重	行业	营业收入占全部工业比重	营业收入占全国比重
计算机、通信和其他电子设备制造业	11.05	81.85	黑色金属冶炼和压延加工业	8.79	53.43
电气机械和器材制造业	7.82	73.83	农副食品加工业	7.67	56.43
化学原料和化学制品制造业	7.67	58.76	化学原料和化学制品制造业	7.12	41.24
汽车制造业	5.86	58.12	电力、热力生产和供应业	5.81	45.60
黑色金属冶炼和压延加工业	5.79	46.57	石油加工、炼焦和核燃料加工业	5.76	62.99
前五大行业合计	38.19	—	前五大行业合计	35.14	—
2019 年					
南方			北方		
行业	营业收入占全部工业比重	营业收入占全国比重	行业	营业收入占全部工业比重	营业收入占全国比重
计算机、通信和其他电子设备制造业	13.59	85.57	黑色金属冶炼和压延加工业	10.56	54.44
电气机械和器材制造业	7.65	83.05	石油加工、炼焦和核燃料加工业	8.95	66.81
汽车制造业	7.20	63.05	电力、热力生产和供应业	8.76	46.67

续表

2019年					
南方			北方		
行业	营业收入占全部工业比重	营业收入占全国比重	行业	营业收入占全部工业比重	营业收入占全国比重
化学原料和化学制品制造业	6.05	64.34	汽车制造业	8.19	36.95
非金属矿物制品业	5.68	71.09	化学原料和化学制品制造业	6.51	35.66
前五大行业合计	40.16	—	前五大行业合计	42.96	—

资料来源:《中国工业统计年鉴(2014)》《中国工业统计年鉴(2020)》。

表4　2013年和2019年南北方占全国比重最高的10个工业行业对比　单位:%

2013年			
南方		北方	
行业	营业收入占全国比重	行业	营业收入占全国比重
化学纤维制造业	91.00	石油和天然气开采业	91.43
计算机、通信和其他电子设备制造业	81.85	煤炭开采和洗选业	79.87
废弃资源综合利用业	80.43	开采辅助活动	75.76
烟草制品业	76.47	其他采矿业	74.65
仪器仪表制造业	75.88	黑色金属矿采选业	72.72
纺织服装、服饰业	74.93	有色金属矿采选业	64.76
电气机械和器材制造业	73.83	石油加工、炼焦和核燃料加工业	62.99
文教、工美、体育和娱乐用品制造业	72.20	农副食品加工业	56.43
其他制造业	72.06	黑色金属冶炼和压延加工业	53.43

续表

2013 年			
南方		北方	
行业	营业收入占全国比重	行业	营业收入占全国比重
皮革、毛皮、羽毛及其制品和制鞋业	70.71	食品制造业	53.07
2019 年			
南方		北方	
行业	营业收入占全国比重	行业	营业收入占全国比重
其他采矿业	97.56	煤炭开采和洗选业	85.32
化学纤维制造业	90.25	石油和天然气开采业	80.36
家具制造业	86.37	开采辅助活动	79.92
文教、工美、体育和娱乐用品制造业	86.03	石油加工、炼焦和核燃料加工业	66.81
计算机、通信和其他电子设备制造业	85.57	黑色金属矿采选业	66.64
纺织服装、服饰业	85.16	黑色金属冶炼和压延加工业	54.44
皮革、毛皮、羽毛及其制品和制鞋业	83.50	有色金属矿采选业	48.98
电气机械和器材制造业	83.05	电力、热力生产和供应业	46.67
印刷和记录媒介复制业	82.34	农副食品加工业	41.52
烟草制品业	80.78	燃气生产和供应业	41.29

资料来源:《中国工业统计年鉴(2014)》《中国工业统计年鉴(2020)》。

表 5　2013 年和 2019 年南北方工业结构对比　　单位:%

	2013 年			2019 年		
制造业行业结构						
	南方	北方	全国	南方	北方	全国
一般加工业	25.03	25.54	25.24	23.05	18.32	21.57
化工类行业	17.41	21.48	19.06	15.72	24.3	18.39
金属、非金属加工业	19.55	26.50	22.37	20.13	29.39	23.01
机电行业	38.02	26.48	33.33	41.11	27.99	37.02
工业技术结构						
	南方	北方	全国	南方	北方	全国
高技术密集型行业	32.34	19.94	27.00	35.73	22.58	31.26
中技术密集型行业	19.25	20.45	19.77	16.47	20.11	17.71
低技术密集型行业	48.41	59.61	53.23	47.8	57.3	51.03
工业要素结构						
	南方	北方	全国	南方	北方	全国
资本密集型行业	32.12	44.52	37.46	29.3	52.8	37.29
劳动密集型行业	67.88	55.48	62.54	70.7	47.2	62.71

资料来源:《中国工业统计年鉴(2014)》《中国工业统计年鉴(2020)》。

由表 1 至表 5 需要注意以下几个问题。

一是一般加工业包括从农副食品加工业(13)到文教、工美、体育和娱乐用品制造业(24)以及其他制造业(41)、废弃资源综合利用业(42)等 14 个行业;化工类行业包括从石油加工、炼焦和核燃料加工业(25)到橡胶和塑料制品业(29)等 5 个行业;金属、非金属加工业包括从非金属矿物制品业(30)到金属制品业(33)等 4 个行业;机电行业包括从通用设备制造业(34)到仪器仪表制造业(40)以及金属制品、机械和设备修理业(43)等 8 个行业。

二是采用研究与开发(R&D)经费投入强度(即 R&D 经费支出占主营业务收入的比重)来判断工业行业的技术密集程度。使用 2012—2016 年 5 年的数据进行加权平均计算,将 R&D 经费投入强度低于 0.85%(工业行业平均值)的 28 个行业界定为低技术密集型行业,比重高于 0.85%但低于 1.35%的 6 个行业界定为中技术密集型行业,比重高于 1.35%的 7 个行业界定为高技术密集型行业。

三是采用固定资产原价与平均用工人数的比值这一指标区分工业行业的要素密集程度。使用2012—2016年5年的数据进行加权平均计算，根据两分法把该比值大于全部工业平均水平的煤炭开采和洗选业等16个行业界定为资本密集型行业，小于全部工业平均水平的农副食品加工业等25个行业界定为劳动密集型行业。

表6 2013年和2019年南北方高技术制造业对比

			南方	北方
2013年	高技术制造业营业收入占全部制造业比重/%		16.05	8.01
	高技术制造业R&D强度/%		1.77	1.71
	占全国比重/%	企业单位数	74.15	25.85
		营业收入	74.36	25.64
		利润总额	69.82	30.18
		R&D经费	75.06	24.94
2019年	高技术制造业营业收入占全部制造业比重/%		19.73	10.44
	高技术制造业R&D强度/%		2.42	2.31
	占全国比重/%	企业单位数	80.83	19.17
		营业收入	80.67	19.33
		利润总额	76.02	23.98
		R&D经费	81.38	18.62
2013—2019年变化	高技术制造业营业收入占全部制造业比重		+3.68个百分点	+2.43个百分点
	高技术制造业R&D强度		+0.65个百分点	+0.60个百分点
	占全国比重	企业单位数	+6.68个百分点	−6.68个百分点
		营业收入	+6.31个百分点	−6.52个百分点
		利润总额	+6.20个百分点	−6.20个百分点
		R&D经费	+6.32个百分点	−6.32个百分点

资料来源：《中国科技统计年鉴(2014)》《中国科技统计年鉴(2020)》。

表 7 2013 年南北方总需求结构对比 单位：%

		南方	北方	全国
总需求构成	最终消费率	48.41	45.63	47.22
	资本形成率	51.86	66.46	58.09
	净流出率	−0.27	−12.09	−5.31
三大需求对GDP增长贡献	消费贡献率	51.27	57.33	53.69
	投资贡献率	53.96	92.32	69.28
	净流出贡献率	−5.23	−49.65	−22.96

资料来源：《中国统计年鉴(2013)》《中国统计年鉴(2014)》。

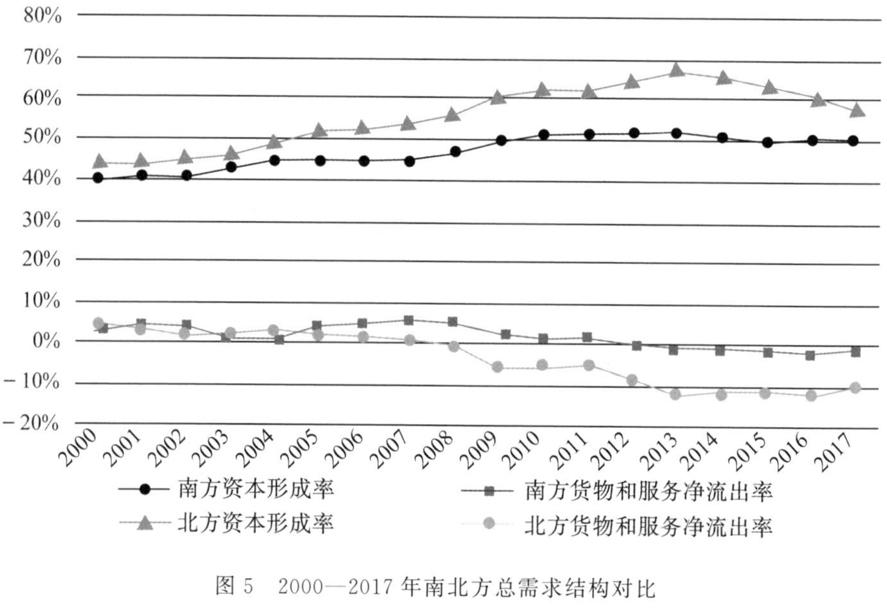

图 5 2000—2017 年南北方总需求结构对比

资料来源：国家统计局。

(二)迈入"新常态"后的转型趋势

在重工业阶段，北方形成对南方的增长优势，庞大的城镇化需求拉动了北方资源型行业的高速增长。2000—2012 年，内蒙古、天津、陕西三个北方省份的名义 GDP 年均增速位列全国三甲，全国增速排名前十的省份中北方更是占据六席。2008 年国际金融危机爆发，北方资源型行业主导的产业结构弊端开始充分暴露。然而，随即出台的"四万亿"经济刺激计划又掀起了重工业投资的高潮，延缓了北方增长方式转变和产业结构升级的时间。

"十二五"时期，我国整体上进入工业化后期阶段，重工业化时代就此终结，经济转型分水岭到来。① 针对传统增长方式和经济结构的不可持续性，2013 年 12 月召开的中央经济工作会议作出了经济发展正处于增长速度换挡期、结构调整阵痛期、前期刺激政策消化期"三期叠加"阶段的判断，指出经济转型升级刻不容缓。中国经济呈现出"新常态"特征：一是从高速增长转为中高速增长，工业化、城镇化、全球化需求增速大幅回落，支撑高速增长的内外部条件已经不复存在；二是经济结构不断优化升级，服务业占比稳步提高，工业向技术和知识密集型跃进，以战略性新兴产业为代表的新经济发力；三是经济增长方式加快转变，从要素驱动、投资驱动转向创新驱动，自主创新对经济内生增长的作用日益突出。

进入"新常态"后，南北方都面临经济转型的迫切压力，区域竞争转化为经济转型的赛跑。

（三）南北方经济转型绩效差异

2013 年以来南北分化的根本原因是经济转型绩效的差异。南方经济转型阻力小，经济转型动能强，转型过程较为顺畅，率先实现经济增长方式转变、产业结构优化升级和新旧动能转换；北方经济转型阻力大，经济转型动能弱，转型过程较为迟缓，经历了比南方更长的转型"阵痛期"，南北经济差距由此拉开。

1.转型阻力差异

南北方经济转型难度和阻力存在明显差异。在"南轻北重"产业分工格局下，北方的资源型行业天然具有重资产和投资依赖属性，向技术和知识密集型行业转型的跨度很大，资源型行业转型升级问题在全球都是一大经济难题；相反，南方的外向型行业更容易通过研发投入实现向全球价值链中高端的攀升，并以此为跳板发展战略性新兴产业。因此，在进入工业化后期后，北方经济转型基础差、任务重，对原有增长方式和产业结构的路径依赖性更强。

更直接的是，2013 年以来一系列经济和政策因素对南北方的影响是非对称的，北方经济转型面临沉重压力和较大阻力，从而导致北方经济过快下行。

---

① 陈佳贵，黄群慧，吕铁，等.中国工业化进程报告(1995—2010)[M].社会科学文献出版社，2012:10.

首先，大宗商品价格超预期下跌沉重打击北方经济。2013年以来，我国对基建产品的需求增速回落，能源、钢铁、有色金属、非金属矿等资源型行业过度投资所导致的产能过剩问题日益凸显，产能利用率远低于合理水平，行业整体效益大幅下降。工业生产者生产价格指数（PPI）2012—2016年连续5年走低，采掘工业生产者生产价格指数下跌34.1%，其中石油和天然气开采业工业生产者出厂价格下跌51.5%，煤炭开采和洗选业，石油加工、炼焦和核燃料加工业，黑色金属矿采选业工业生产者出厂价格均下跌超过30%。

大宗商品价格大幅下跌对南北分化产生了直接影响。一方面，由于北方主要矿产品产量占全国的80%以上，价格下跌在挤压名义GDP的同时，严重影响了北方的工业利润，采矿业利润率由2012年的16.7%急剧下降至2016年的3.4%，给后期工业扩大投资带来极大的负面影响，这也是从2014年开始北方投资增速与南方不断拉大的重要原因。另一方面，南方92%以上的原油依赖外购，国际油价下跌每年为南方节约上千亿美元的能源成本，为南方制造业转型升级提供了潜在动力，南方成为油价下跌的受益方。由此可见，这轮以能源为代表的大宗商品价格大幅下跌对南北方的影响是非对称的。①

其次，供给侧结构性改革加剧北方经济“阵痛”。为了推动供给结构优化，2015年我国大力推行以“三去一降一补”为主要任务的供给侧结构性改革。这是为经济转型升级开出的“药方”，在提升长期经济增长质量和效率的同时无法避免短期“阵痛”。其中，去产能和去杠杆政策在短期内对北方经济产生了较大冲击。一方面，煤炭、水泥、钢铁、有色金属等资源型行业是去产能政策的着力点，加快过剩产能出清的严厉政策对北方资源型行业的产能结构进行重塑，大量中小企业退出，工业占比被动大幅下降，部分省份出现过早去工业化现象；另一方面，去杠杆政策对资产负债率高企的资源型行业短期冲击更为显著，融资困难使依赖投资驱动的北方经济更为艰难，这也是北方工业投资锐减的重要原因。与北方面临的转型“阵痛”不同，南方受到去产能、去杠杆政策的影响较小，降成本、补短板政策则对南方经济转型起到了推动作用。

最后，资源环境约束增强制约北方经济高质量发展。党的十八大以来，生态文明建设得到空前强化，资源环境硬约束在经济发展中发挥越来越重要的作用。从资源约束看，近年来北方多地面临矿产资源枯竭困境，以资源开采和加

---

① 周晓波，陈璋，王继源.中国南北方经济分化的现状、原因与对策：一个需要重视的新趋势[J].河北经贸大学学报，2019，40(3)：1-9，39.

工为核心的传统增长丧失后续动能。2008—2011 年,国家发改委先后确定 69 个典型资源枯竭型城市,其中 40 个位于北方。资源枯竭的同时新动能尚未培育形成,导致经济增速快速滑坡,经济转型更加举步维艰。此外,北方人均水资源总量不足南方的 1/3,水资源匮乏对产业和人口承载能力的制约成为长期无法解决的难题。从环境约束看,我国逐步加强生态环境保护,坚决打好污染防治攻坚战,能耗高、排污高的重化工业成为污染防治的重点对象。北方受到环保风暴的短期冲击更加显著,环保投资大幅增长,2013—2017 年北方工业污染治理投资累计完成额高达 2319 亿元,占到全国的 56%。

与此同时,资源环境约束使我国主体功能区战略升级,城市化地区、农产品生产区、生态功能区的空间战略定位更加明确。相较于南方而言,北方承担更多的粮食安全、生态安全、能源安全、国防安全等安全功能,经济功能反而被弱化。例如,面对粮食安全压力,河南、山东、河北、黑龙江、吉林、内蒙古等省份都被确定为粮食主产区,北方粮食产量占到全国的六成,为国家粮食安全作出了重大贡献。但是,粮食生产经济效益有限,机会成本很高。相反,以长三角、珠三角、成渝为代表的大量南方地区被划定为城市化地区,成为承载产业和要素集聚的经济高地。

2.转型动能差异

在投资驱动的重化工业阶段,北方的要素、制度和文化缺陷并未成为掣肘经济增长的重要因素。但在迈向创新驱动的转型关键期,北方的要素、制度和文化支撑不足的问题暴露出来,造成经济转型动能缺乏,严重制约经济转型升级。

第一,要素支撑的南北差异显著。从投资驱动走向创新驱动需要构建具有竞争力的区域创新生态体系,增加人力资本、货币资本、知识资本等要素供给,既可以通过集聚效应发挥创新的外部性,又可以提高创新资源的可获得性,为新旧动能转换提供基础能力保障。综合来看,北方各类要素供给相对于南方都处于劣势地位。

人口方面,北方出现持续人口流出现象。从适龄劳动力规模看,2019 年北方 15—64 岁年龄人口总量约为 4 亿人,比 2000 年减少了近 1000 万人,南方则稳定在 5.5 亿人左右。从劳动力流动情况看,2016—2019 年,全国人口流入最为明显的地区主要是珠三角和长江中上游的中心城市,如广州、深圳以及长沙、武汉、重庆等地,而这些人口中有很大比例来自京津冀和东北三省。

人力资本方面,南方教育条件更加优越。教育对于提升人力资本和劳动生产率具有基础作用。2019 年,南方教育经费总投入约为 2.1 万亿元,北方则约为 1.4 万亿元,南方为北方的 1.5 倍。高等教育是提高劳动力质量和劳动产出率的关键,2019 年南方普通高等学校近 1500 所,北方约为 1160 所,南方为北方的 1.3 倍;在单位学校教育经济投入强度方面,南方也高于北方。南方教育资源的优势不仅保障了区域对人口的吸纳能力,加速了南方的城镇化进程,更为科技创新提供了技术积累和研发经验,进一步促进人才和科技要素向南方聚集。

技术要素方面,南北研发投入和产出差距持续扩大。全社会 R&D 经费支出的南北差距从 2000 年的 1.08 倍扩大为 2019 年的 1.94 倍,差距扩大的时间点为 2005 年,差距扩大的加速点则为 2013 年。2000—2014 年,南北方 R&D 经费支出差距变化较小,一直保持在 1.14 倍左右;2005—2012 年差距缓慢扩大了 22%;2013—2019 年差距快速扩大 38%。其中,规模以上工业企业研发经费支出的差距更是在 2013 年后迅速扩大,到 2018 年已超过 2 倍。① 研发贡献差异是南北方从投资驱动向创新驱动转型差异的重要原因,也是转型差异的结果。

货币资本方面,南方金融体系和金融环境更健全。在工业化后期,现代服务业是一个地区产业结构演进的主导力量。南方受上海、深圳两大股票市场的深刻影响,在现代服务业中占据重要地位的资本活动一直非常活跃,而北方因为没有大型开放的资本市场,当地所拥有的有限的资本力量也往往想方设法向深圳或上海流动,参与重要的资本市场活动。这种资本市场格局长期引导全国的资本向南方集聚,南北方现代服务业发展差距由此拉开。②

第二,制度支撑的南北差异显著。通过适宜的制度建设激发市场微观主体活力,是经济转型的必要条件。南北方在市场化和营商环境方面的制度建设存在显著差异,整体来看南方的市场化程度和营商环境要远远优于北方地区。根据北京国民经济研究所发布的《中国分省份市场化指数报告(2021)》,市场化指数排名前 10 位的省份中仅有 3 个北方省份,政府与市场关系、非国有经济发展、产品市场发育、要素市场发育、中介组织发育和法治环境等 5 个维度,北方省份均不占优势。具体到营商环境,近年来在深化政府体制机制改革的浪潮

① 杨明洪,巨栋,涂开均."南北差距":中国区域发展格局演化的事实、成因与政策响应[J].经济理论与经济管理,2021,41(4):97-112.

② 郑新立,范恒山,董雪兵,等.构建新发展格局　推进区域协调发展:南北差距研讨会发言摘编[J].河北经贸大学学报(综合版),2021,21(4):26-36.

中，南方的商事机构改革步伐非常快，部分地区率先推进政府办事“最多跑一次”改革，城市营商环境明显改善；北方部分地区由于土地、电力、环境等前期条件落实困难及发展观念更为滞后等，营商环境改善的进程相对较慢。

第三，文化支撑的南北差异显著。行为习惯、价值理念等非正式制度对经济增长具有潜移默化的影响，甚至决定中长期的增长路径。一方面，文化的代际传递使得当前的经济增长受到历史上流传下来的文化尤其是地域文化的影响。历史上南方的商业文化比北方更为兴盛，著名的“十大商帮”南方占了七个，明代中后期中国的资本主义也率先从江浙萌生，为南方的市场经济提供了良好的文化基因。另一方面，区域内不同文化间的交流碰撞、文化壁垒等也会影响当前的经济发展。近代东南沿海率先开埠建港，改革开放也率先从东南沿海起步，东南地区受到西方市场文化的影响更深，中西文化的交流碰撞孕育出中国特色市场文化。经济体制转轨的同时南方的价值观念也快速转变，“敢为天下先”的首创精神能够更好地激发市场活力，这在创新驱动阶段尤为重要。相比之下，北方的大陆文化色彩更为浓厚，价值观念相对封闭保守，一定程度上抑制了创新创业行为。

五、推动南北协调发展的政策建议

从目前来看，南北方经济增速、规模、水平等指标差距扩大趋势并未出现扭转迹象，南北分化现象在“十四五”时期可能会持续，放任南北发展失衡将带来一系列潜在风险。“十四五”时期需持续关注南北方经济差距变动趋势，围绕北方经济转型升级这一核心议题，多措并举，不断增强北方发展动能，释放北方发展潜力，推动南北协调发展。

（一）打造北方经济增长极，培育多层次发展动能

聚焦增强中心城市、都市圈和城市群等优势地区的经济与人口承载能力，分层次打造北方增长动力源，辐射带动北方地区发展。瞄准京津冀建设世界级城市群的目标，在疏解北京非首都功能的同时，提升北京创新策源能力和全球资源配置能力，引领北方参与全球竞争。落实黄河流域生态环境保护和高质量发展的要求，在加大环境保护力度的同时，提升山东半岛、中原、关中平原、山西中部、呼包鄂榆、兰州—西宁、宁夏沿黄、黄河“几”字湾等城市群或都市圈核心城市能级，加快集聚人口和产业，打造区域发展新动力源。完善都市功能，强化城市之间的分工合作，培育发展沈阳、大连、长春、哈尔滨、乌鲁木齐等现代化都

市圈，形成高质量发展的重要区域。推进资源枯竭城市、老工业城市转型发展，加快发展接续替代产业，积极培育发展新动能，打造“群”外、“圈”外高质量发展新的增长极。

(二)构建北方优势现代化产业体系，夯实实体经济根基

结合国家粮食安全产业带建设，优化北方粮食种植和加工布局，推动三次产业融合发展，提高农业生产的综合效益和竞争力。依托北方众多老工业城市雄厚的制造业基础，加快数字赋能步伐，大力促进人工智能、大数据、区块链等技术应用，推动产业数字化转型，重塑制造业竞争优势。推进生产性服务业与制造业融合发展，加快提升生产性服务业对制造业尤其是高端装备制造业的支撑能力，引导和支持制造业企业延伸服务链条。加快北方国家自主创新示范区以及国家高新区等区域性创新高地建设，围绕重大装备、航空航天、军工等北方优势领域，谋划建设科创走廊、国家综合性科学中心、区域性科学中心等新型创新平台，以科学城建设为抓手引导国家重大科学装置布局，加大创新发展力度，注入持久发展动力。在进一步放大北京金融市场及北京证券交易所、郑州和大连等期货交易所、天津柜台交易市场功能的基础上，在北方布局新型的金融、类金融市场，大力发展科技金融、绿色金融，多渠道增加有效金融服务供给。

(三)提升北方内陆和沿边地区开放水平，补齐开放合作短板

以对外通道和开放平台建设为抓手，推进制度性开放，提升北方内陆地区和沿边对外开放水平。支持北方各省份深度参与“一带一路”建设，推动新亚欧大陆桥、中蒙俄、中国—中亚—西亚、中巴国际经济合作走廊建设与国内发展轴带衔接，加快陆路、航空、管网、信息等基础设施互联互通，推进中欧班列与西部陆海新通道、空中丝路等联动发展，全面融入全球经济体系。优化北方自由贸易试验区布局，深化首创性、集成化、差别化改革探索，积极复制推广制度创新成果，引领高质量、高标准、高水平开放。创新提升北方海关特殊监管区作用，完善综合保税区功能，探索设立保税港区、出口加工区、跨境工业园。

(四)加快探索生态产品价值实现机制，释放北方生态价值

加大北方节能减碳力度，完善能源消费总量和强度双控制度，实施以碳强度控制为主、碳排放总量控制为辅的制度，加快实施能量系统优化、节能减排技术改造等重点工程，深入推进工业、建筑、交通等领域低碳转型，积极推广低碳

农业，缩小北方能源消耗、碳排放与南方的差距。统筹经济发展和生态环境保护，深入实施天然林保护、退耕还林还草、“三北”防护林等重点生态工程，加快推进生态屏障建设，巩固北方生态环境向好趋势。支持北方加快建立健全生态产品价值实现机制，推进生态产品调查监测和价值评估，鼓励采取多样化模式和路径，科学合理推动生态产品价值实现。

（五）建立健全南北融合发展机制，深化南北区域经济合作

依托沿海、京哈京广、包昆三条贯穿南北的纵轴通道布局建设南北合作基地，鼓励南北方企业跨区域设立分公司或投资建厂，复制移植新业态、新模式，推动建立跨越南北的产业链、供应链和创新链，强化产业、技术、创新、人才等领域的交流合作，密切南北经济合作。调整优化东南与西北地区结对帮扶方式，扩大和强化东南与东北地区对口合作的范围和力度，完善区域合作互助机制。健全区际利益补偿机制，完善南北方横向生态补偿，推动南北方之间粮食主产区与主销区、资源输出地与输入地之间的利益补偿，切实支持北方维护生态安全、粮食安全、能源安全和边疆安全。

第二部分　总报告

南北区域发展分化背景下山东省中长期高质量发展战略思路及对策建议

随着我国经济从高速增长阶段转向高质量发展阶段，区域竞争越来越表现为经济发展质量和效益的竞争，区域经济格局正在发生重大变化。新时代新征程，山东推动省域经济的高质量发展弥足珍贵，既关系到南北发展差距能否有效弥合，更是我国区域协调发展能否如期、有效推进的重要一环。

近年来，山东在区域竞争中逐渐“掉队”，与发达省份的差距进一步拉大，与后发省份的差距则持续缩小，面临“两端挤压”的严峻局面。山东应树立危机意识和加快转变发展理念，通过积极谋划和落实一系列重大战略举措，培育和激发新的经济增长动能，夯实中长期高质量发展的基础，全面开创新时代现代化强省建设新局面。

本部分通过横向和纵向对比，分析了山东在全国区域经济格局中的地位变化，并指出其影响和深层原因。根据山东的基础条件和区位优势，我们提供了加快山东中长期高质量发展的战略思路及建议，以期对山东走上高质量发展之路和建设现代化强省具有一定的启示意义与政策参考价值。

一、山东主要指标在全国的相对地位全面下滑

(一)经济增速下滑趋势明显且难以遏制

“十三五”期间，山东经济增速下行之快在经济大省中绝无仅有，GDP 增速大幅落后于广东、江苏等发达省份，差距进一步拉大(见表 1)。山东 GDP 增速从 2015 年的 8%快速下滑至 2019 年的 5.5%，2019 年 GDP 增速在全国 31 个省

份中排名倒数第5位，比全国整体水平低0.6个百分点。山东对全国GDP增量的贡献率从2015年的9.3%快速下滑至2019年的6.2%（见图1），2019年仅比浙江、河南高出0.1个百分点。

表1 2001年以来山东、广东、江苏、浙江GDP年均增速变化 单位：%

时间区间	山东GDP		广东GDP		江苏GDP		浙江GDP	
	名义	实际	名义	实际	名义	实际	名义	实际
“十五”期间（2001—2005年）	17.1	13.2	16.0	14.0	16.8	13.9	16.9	13.6
“十一五”期间（2006—2010年）	16.4	13.1	15.3	11.5	17.4	12.7	15.6	10.9
“十二五”期间（2011—2015年）	10.0	9.4	9.6	8.5	11.1	9.6	9.1	8.2
“十三五”期间（2016—2019年）	3.1	6.7	10.3	7.0	9.2	6.9	9.8	7.3

注：第四次全国经济普查未对实际GDP增速进行修订，导致实际GDP增速大幅高于名义GDP增速。
资料来源：国家统计局。

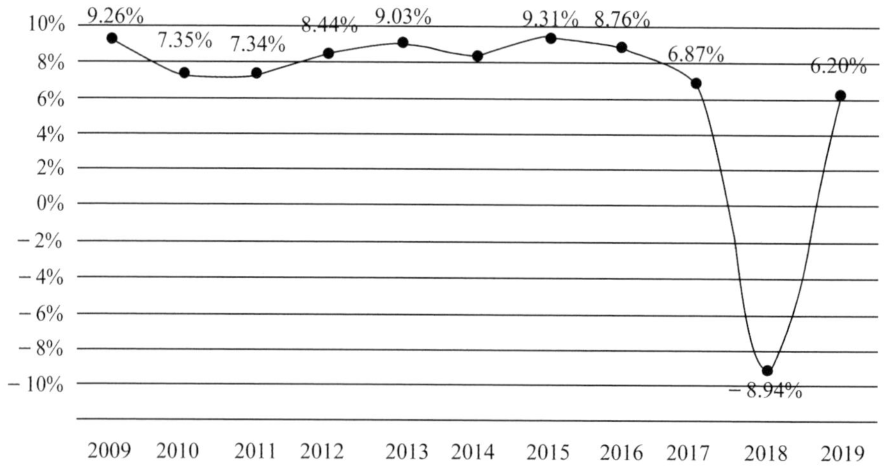

图1 2009—2019年山东对全国GDP增量的贡献率变化

注：各省份对全国GDP增量的贡献率即各省份GDP增量/全国GDP增量。

资料来源：国家统计局。

预计中长期山东经济增速下行趋势仍将持续，经济寒冬刚刚开始。由于供需两端均呈现疲软态势，预计未来山东将继续处于朱格拉周期的下行区间。山东经济增速下行是周期性下行叠加长期潜在增长率下行的双重结果，其中，长期潜在增长率下行是主导因素。传统经济发展模式和产业结构的弊端充分暴露，一方面，需要较长时间消化传统产业衰退带来的下行压力；另一方面，新兴产业拉动经济增长的新动能尚未形成，“十四五”期间经济增长形势严峻。

（二）经济总量和发展水平优势逐渐丧失

山东长期保持全国第三、北方第一经济大省的地位。但是，山东在全国的经济地位呈现持续下滑趋势，与领先者的差距快速拉大，与追赶者的差距快速缩小，在区域竞争中处于不利地位。

从经济总量看，山东 GDP 占全国的比重从 2006 年的 10.0%急剧下滑至 2019 年的 7.2%（见图 2）。广东、江苏的 GDP 在 2010 年分别比山东高出 0.68 万亿元、0.23 万亿元，2019 年差值扩大至 3.66 万亿元、2.86 万亿元；浙江经济总量正在加速追赶山东，两者 GDP 差距从 2010 年的 1.14 万亿元缩小至 2019 年的 0.87 万亿元（见表 2）。

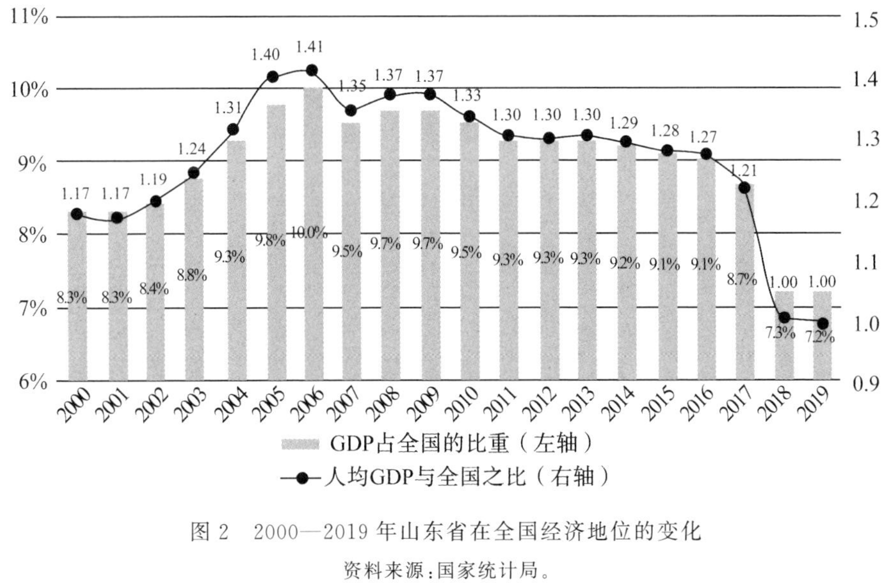

图 2　2000—2019 年山东省在全国经济地位的变化

资料来源：国家统计局。

表 2　2000—2019 年广东、江苏、浙江与山东 GDP 对比

年份	广东		江苏		浙江	
	名义 GDP 之差/亿元	名义 GDP 之比	名义 GDP 之差/亿元	名义 GDP 之比	名义 GDP 之差/亿元	名义 GDP 之比
2000	2404	1.2883	216	1.0259	−2196	0.737
2005	4191	1.2282	232	1.0126	−4949	0.731
2010	6843	1.1747	2256	1.0576	−11448	0.708
2015	9810	1.1557	7114	1.1129	−20116	0.681
2019	36604	1.5151	28564	1.4019	−8716	0.877

资料来源：国家统计局。

从发展水平看，2019 年山东人均 GDP 是 1987 年以来首次低于全国平均水平。人均 GDP 已经下滑至全国第 10 位，被湖北、重庆等后发省份反超。经济发展水平在全国处于第三梯队的山东与第二梯队的江苏、浙江等经济强省相比差距显著（见表 3）。广东、江苏、浙江的人均 GDP 在 2010 年分别为山东的 1.09 倍、1.29 倍、1.26 倍，到 2019 已扩大至 1.34 倍、1.75 倍、1.54 倍（见表 4）。

表 3　2018 年人均 GDP 前 10 位的省份经济发展水平对比

梯队	省份	人均 GDP/现价美元①	迈入高收入水平行列的时间②
第一梯队	北京	23224	2011 年
	上海	22452	2011 年
第二梯队	江苏	17496	2013 年
	浙江	15278	2015 年
	福建	14835	2017 年
	广东	13312	2018 年
	天津	12596	2018 年
第三梯队	湖北	10732	—
	重庆	10518	—
	山东	10024	—

注：①各省份人均 GDP 为全国第四次经济普查修订后的数据，按照 2018 年人民币对美元汇率（年

平均价)折算为美元人均 GDP;②根据世界银行世界发展指标的分类,将人均 GDP 在 12055 美元以上的经济体纳入高收入水平行列。

资料来源:国家统计局、世界银行数据库。

表 4　2000—2019 年广东、江苏、浙江与山东人均 GDP 对比

年份	广东		江苏		浙江	
	人均 GDP 之差/亿元	人均 GDP 之比	人均 GDP 之差/亿元	人均 GDP 之比	人均 GDP 之差/亿元	人均 GDP 之比
2000	3410	1.3656	2439	1.2615	4090	1.4386
2005	4339	1.2159	4464	1.2221	7607	1.3785
2010	3630	1.0883	11734	1.2855	10605	1.2580
2015	3335	1.0520	23827	1.3713	13475	1.2100
2019	24164	1.3416	53021	1.7496	37950	1.5365

资料来源:国家统计局。

(三)产业竞争力显著下降

山东多项产业发展指标不及全国平均水平,甚至落后于部分中西部省份,区域产业竞争力下降。

从工业看,“十三五”以来山东工业增长动力匮乏。2019 年工业增加值占 GDP 比重不足 1/3,已经大幅低于广东、江苏、浙江等发达省份,工业增加值占全国比重从 2009 年的 12.2%急剧下滑至 2019 年的 7.2%。工业结构偏重于化工类行业和一般加工业,装备制造业发展相对滞后(见表 5)。高技术制造业是薄弱环节,各项指标占全部工业的比重都非常低,且大幅落后于全国平均水平。2018 年山东高技术制造业营业收入占全国比重仅为 4.5%,较 2009 年下滑 3.2 个百分点(见表 6),从大幅领先浙江到被浙江反超,竞争优势加速趋弱。

表5　2018年山东、广东、江苏前五大工业行业占比对比

山东		广东		江苏	
行业	占比/%	行业	占比/%	行业	占比/%
石油加工、炼焦和核燃料加工业	11.4	计算机、通信和其他电子设备制造业	28.6	计算机、通信和其他电子设备制造业	13.6
化学原料和化学制品制造业	10.4	电气机械和器材制造业	10.3	电气机械和器材制造业	10.6
农副食品加工业	7.8	汽车制造业	6.2	化学原料和化学制品制造业	9.6
有色金属冶炼和压延加工业	6.4	电力、热力生产和供应业	4.8	黑色金属冶炼和压延加工业	6.9
黑色金属冶炼和压延加工业	5.4	化学原料和化学制品制造业	4.4	通用设备制造业	6.1
合计	41.4	合计	54.3	合计	46.8

注：根据各工业行业主营业务收入占全部工业的比重计算。

资料来源：《山东统计年鉴(2019)》《广东统计年鉴(2019)》《江苏统计年鉴(2019)》。

表6　山东、广东、江苏、浙江高技术制造业发展情况对比

	山东	广东	江苏	浙江
2018年占本省工业比重				
企业数/%	5.2	18.0	10.7	6.9
营业收入/%	7.2	33.9	19.8	10.5
利润总额/%	12.3	28.2	21.0	16.9
2018年占全国比重				
企业数/%	5.9	25.4	14.5	8.3
营业收入/%	4.5	29.8	16.7	4.8
利润总额/%	5.8	22.7	17.3	7.3

续表

	山东	广东	江苏	浙江
2009—2018 年占全国比重变化				
企业数	−1.1 个百分点	+4.8 个百分点	−2.2 个百分点	−3.1 个百分点
营业收入	−3.2 个百分点	+1.6 个百分点	−4.8 个百分点	+0.5 个百分点
利润总额	−2.7 个百分点	−3.5 个百分点	−3.3 个百分点	+1.3 个百分点
2009—2018 年年均增速				
企业数/%	8.0	10.5	10.2	14.3
营业收入/%	4.4	10.8	7.4	11.3
利润总额/%	0.4	4.3	0.7	−1.0

资料来源:《中国科技统计年鉴(2019)》《中国统计年鉴(2019)》。

从服务业看,“十三五”以来山东服务业增加值占全国比重呈现下滑态势,从 2015 年的 8.4%下降至 2019 年的 7.1%。山东传统服务业占比过高,以知识和技术为核心的现代服务业发展滞后,尤其是金融业,信息传输、软件和信息技术服务业,租赁和商务服务业等重要的生产性服务业发展水平低(见表 7),对其他行业的支撑性和带动性较弱,制约了产业转型升级进程。

表 7 2018 年山东、广东、江苏前五大服务业行业占比对比 单位:%

山东		广东		江苏	
行业	占比	行业	占比	行业	占比
批发和零售业	26.9	批发和零售业	18.7	批发和零售业	18.8
金融业	10.6	房地产业	15.9	金融业	15.8
交通运输、仓储和邮政业	9.5	金融业	14.3	房地产业	11.6
公共管理、社会保障和社会组织	9.0	信息传输、软件和信息技术服务业	8.0	租赁和商务服务业	9.0
房地产业	9.0	交通运输、仓储和邮政业	7.5	交通运输、仓储和邮政业	7.2
合计	64.9	合计	64.5	合计	62.4

注:根据各服务业行业增加值占全部服务业的比重计算。

资料来源:《山东统计年鉴(2019)》《广东统计年鉴(2019)》《江苏统计年鉴(2019)》。

此外，山东产业集中度较低，企业平均规模偏小，缺少在全国具有行业领导力和影响力的龙头企业，缺乏规模优势。截至 2020 年 6 月 19 日，A 股总市值排名前 100 位的上市公司中，山东仅有 4 家公司上榜，且这 4 家公司都不是科技公司，排名均在 50 名之后，总市值仅占前 100 位总市值的 1.64％。

(四)创新驱动发展势能羸弱

根据中国科技发展战略研究小组发布的《中国区域创新能力评价报告》，山东综合创新能力长期保持在全国第 6 位。山东科技创新资源总量丰富，R&D 经费和人员投入均居全国第 4 位，但发明专利、论文等产出指标的全国排名落后于投入指标，R&D 的投入产出效率不高，每万人有效发明专利拥有量仅为江苏的 1/3。2015 年以来，山东主要 R&D 投入和产出指标占全国的比重呈现快速下降态势，R&D 经费占全国比重从 2015 年的 10.1％下降至 2018 年的 8.4％，R&D 人员全时当量占全国比重从 2015 年的 7.9％下降至 2018 年的 7.0％，发明专利申请量占全国比重从 2015 年的 9.8％下降至 2018 年的 5.3％，科技创新的规模优势减弱(见图 3)。工业企业中开展 R&D 活动的企业比重低于全国平均水平，大量工业企业不具备 R&D 能力，有研发机构的企业占比仅为 7.13％，不及全国平均水平的 1/2(见表 8)，区域创新地位正面临重庆、湖北、安徽等追赶者的挑战。

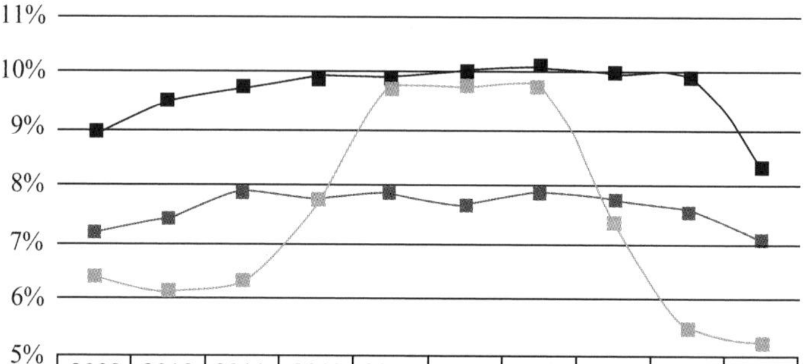

	2009	2010	2011	2012	2013	2014	2015	2016	2017	2018
R&D经费	9.0%	9.5%	9.7%	9.9%	9.9%	10.0%	10.1%	10.0%	10.0%	8.4%
R&D人员全时当量	7.2%	7.5%	7.9%	7.8%	7.9%	7.7%	7.9%	7.8%	7.6%	7.0%
发明专利申请量	6.4%	6.1%	6.3%	7.7%	9.8%	9.8%	9.8%	7.4%	5.5%	5.3%

图 3　2009—2018 年山东省主要科技创新指标占全国比重的变化

资料来源：国家统计局。

表8 2018年山东、广东、江苏及全国规模以上工业企业科技活动对比

		山东	广东	江苏	全国
企业研发活动开展	有研发机构的企业数/个	2734	19397	20298	72607
	有研发机构的企业占比/%	7.13	40.87	44.44	19.19
	有R&D活动的企业数/个	7984	16570	19669	104820
	有R&D活动的企业占比/%	20.83	34.92	43.06	27.70
研发人员投入	R&D人员数量/万人	38.84	80.64	62.34	426.12
	R&D人员全时当量/万人年	23.65	62.20	45.55	298.12
	每万人从业人员中R&D人员数量/人	558.1	628.8	673.2	536.5
研发经费投入	R&D经费内部支出/亿元	1418	2107	2025	12955
	R&D经费研发强度/%	1.53	1.55	1.58	1.27
研发产出	新产品销售收入/亿元	15247	39376	28425	197094
	新产品销售收入占比/%	16.45	29.03	22.19	19.28
	有效发明专利数/万件	6.35	32.85	17.61	109.42

资料来源:《中国科技统计年鉴(2019)》。

(五)交通基础设施优势快速丧失

21世纪初,山东的交通基础设施在全国处于遥遥领先的地位,但是近十几年来,各省份的交通基础设施迅猛发展,山东却进展缓慢,交通优势快速丧失,已经成为制约经济社会发展的短板。

一是通车里程少、路网密度低。2003年山东高速公路里程全国第一,占全国的1/10以上,2019年则滑落至全国第九,占比降至4.3%(见图4);2019年年底高铁里程仅占全国的5.2%,路网密度与发达省份相比有很大差距。

二是设施标准不高。山东时速350公里的高铁仅占1/3;双向六车道及以上的高速公路仅占1/4,远低于江苏、广东的水平;机场规模普遍偏小,多数机场的飞行区等级低。

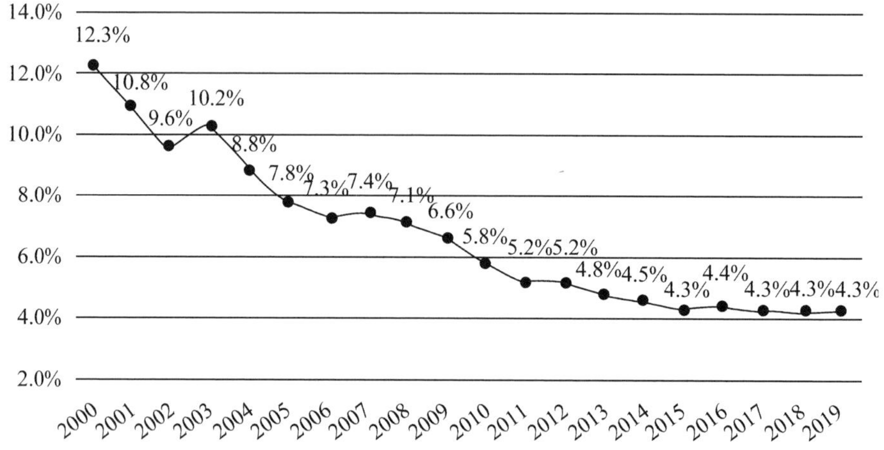

图 4　2000—2019 年山东高速公路里程占全国比重的变化

资料来源：国家统计局。

（六）在区域竞争格局中逐渐“掉队”

近年来，全国区域竞争格局出现重大变化，长三角、珠三角、京津冀等城市群向世界级城市群冲击，成渝、中原、长江中游等城市群成长为国家级城市群，涌现出一大批新的区域经济增长极。山东北有京津冀城市群，南有长三角城市群，西有中原城市群，面临“三面围堵”的“孤岛”困局。

在领先城市群强大的集聚效应和吸纳能力下，山东的要素和产业加速外流，在区域竞争中逐渐丧失主动权。自 2017 年起至 2019 年，山东连续三年出现人口净流出现象，2019 年人口净流出数量甚至在各省份中居于首位（见图 5），这在东部经济大省中极其罕见，亟须引起高度警惕。

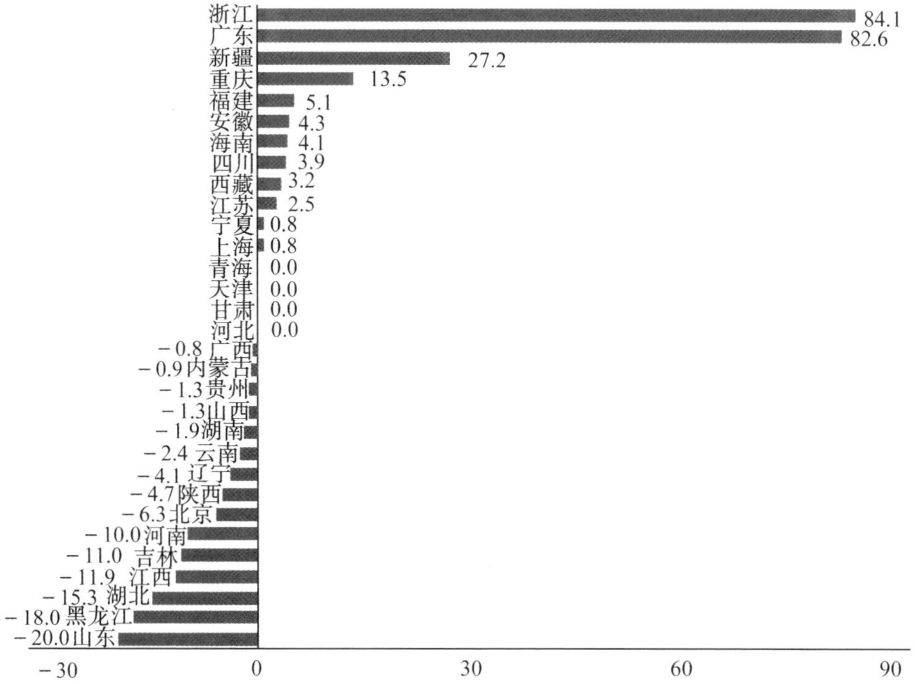

图5 2019年各省份净迁移人口(万人)

资料来源:国家统计局。

二、山东、东北等区域经济滑坡导致南北差距急剧扩大

(一)南北分化愈演愈烈引致区域经济格局快速变迁

经济进入"新常态"以来,我国区域经济发展的空间格局发生重大变化。传统东、中、西三大地带间的区域差距有所缩小,而南、北区域差距持续扩大,主要表现形式为区域经济发展不平衡。目前,"南快北慢、南强北弱"构成我国区域经济格局的基本特征,且有继续强化的趋势,南北发展失衡已成为区域协调发展面临的棘手难题。

经济增速"南快北慢"是南北分化的首要表现。2013年以来,南方经济增速大幅超过北方,2013—2019年北方名义GDP年均增速仅为4.4%,南方为9.7%,南方超过北方5.3个百分点。北方各省份普遍增长乏力,2019年GDP增速排名前十的省份中,仅有河南位于北方;增速排名垫底的10个省份,有7个位于北方,倒数前五全部位于北方。

伴随着增速分化，南北差距扩大至新中国成立以来的最高水平。2013 年南北方 GDP 之比为 57.4∶42.6，南方 GDP 占全国比重比北方高出 14.8 个百分点；2019 年该比例调整为 64.6∶35.4，南方 GDP 占全国比重高出北方 29.2 个百分点（见图 6）。与此同时，南方人均 GDP 也快速将北方甩开，2014 年之前二者始终不相上下，2019 年南方人均 GDP 已经超出北方约 30%。[①] 除了北京、天津外，北方没有一个省份的人均 GDP 达到全国平均水平。各项经济指标都出现南北分化的现象，区域经济格局正在发生根本性变迁。

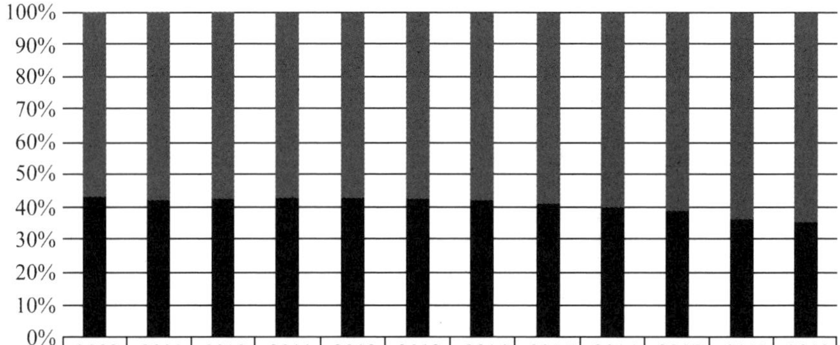

	2008	2009	2010	2011	2012	2013	2014	2015	2016	2017	2018	2019
■南方	56.8%	57.1%	57.2%	57.2%	57.1%	57.4%	58.0%	58.9%	60.3%	61.1%	64.3%	64.6%
■北方	43.2%	42.9%	42.8%	42.8%	42.9%	42.6%	42.0%	41.1%	39.7%	38.9%	35.7%	35.4%

图 6　2008—2019 年南北方 GDP 占全国比重的变化

资料来源：国家统计局。

（二）山东、东北区域经济滑坡是南北分化的主要动因

山东、东北经济增速快速下行严重拖累北方经济，成为南北发展分化的主要动因。2009—2019 年这 10 年间，北方 15 个省份中有 9 个省份的 GDP 占全国比重出现下滑，共导致北方 GDP 占全国比重下滑 8.5 个百分点。其中，山东 GDP 占全国比重下滑 2.1 个百分点，下滑幅度在北方省份中最大，构成了北方经济下滑 24.3%的来源；东北三省 GDP 占全国比重下滑 3.4 个百分点，构成了北方经济下滑 40%的来源，山东和东北合计构成了北方下滑 64.3%的来源（见图 7）。

① 2019 年南方人均 GDP 为 7.76 万元，北方人均 GDP 仅为 5.98 万元。

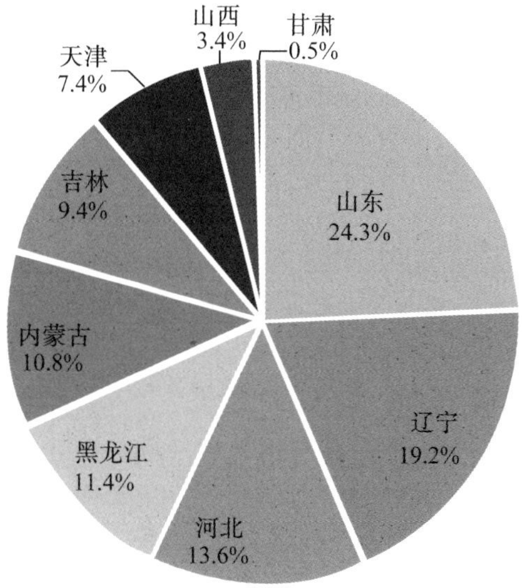

图 7　2009—2019 年北方经济占比下滑的来源分解

资料来源：国家统计局。

（三）北方经济持续下行对国家区域协调发展战略产生不利影响

北方缺少经济辐射带动效应强劲的核心城市，在北京逐步淡化“经济中心”职能的背景下，迫切需要新的增长极来引领北方发展。山东具有引领北方经济发展的基础条件，但其引领作用正逐步弱化，未能扮演好提振北方经济的“老大哥”角色。

如果山东、东北无法遏制经济增速过快下行的势头，人口、投资和产业将加速“南迁”，北方产业转型升级将更加举步维艰，广大北方腹地有可能陷入低水平发展的恶性循环，彻底失去扭转区域竞争中弱势地位的机会。届时，北方将面临沦为“铁锈地带”的严峻危机，可能出现大面积的问题区域，给国家区域协调发展战略带来巨大挑战。

三、山东在区域竞争中“掉队”的深层原因

（一）处于国家区域战略的“边缘”

一直以来，山东处于一系列国家区域协调发展战略的“边缘”，很多促进区域发展的优惠政策与山东“无缘”，山东在国家区域协调发展尤其是在促进南北

协调发展中的重要作用亟待加强。党的十八大以来,国家提出的区域重大战略中[①],仅有“黄河流域生态保护与高质量发展”覆盖山东。

山东在国家区域协调发展格局中缺乏明确的功能定位和战略认同,也缺乏相应的国家政策支持,极易成为国家战略和政策的“洼地”。在国家重大战略中的“边缘”地位容易导致山东得到的市场和社会关注度较低,不利于形成要素和产业的区域集聚,在国家区域协调发展战略中发挥的作用不够显著。

(二)错失战略性新兴产业发展机遇

经济进入“新常态”后,我国在经济增速换挡的同时结构调整加速,战略性新兴产业走上发展快车道,各地区积极把握机会窗口,加快本地产业转型升级。但是,山东对传统制造业表现出强烈的路径依赖性,没有把握住上一轮新兴产业(尤其是新一代信息技术产业)发展机遇,新技术、新产业、新业态、新模式等“新经济”发育程度较低,在抢占未来产业竞争制高点的竞赛中处于劣势。比如,山东仅有三家企业入围“2019 年中国互联网企业 100 强”,且排名比较靠后;截至 2020 年 6 月 19 日,115 家科创板上市公司中,仅有 4 家山东公司。

化工、能源、冶金、农副食品、纺织、重型机械等工业主导产业转型升级缓慢,在一定程度上制约了山东高质量发展。一是主导产业多处于产业生命周期的成熟期或衰退期,行业竞争激烈且增长空间有限,严重拖累经济增长;二是主导产业多为重资产行业,对人才和就业吸纳能力较差,山东正陷入“新兴产业发展落后→就业机会少、薪资水平低→人才外流→新兴产业发展动力不足”的恶性循环。

(三)开放乏力制约“开放红利”释放

山东对外开放力度和外向型经济发展水平在东部沿海省份中处于下游位次,“国际循环”不足,未能充分撬动两个市场、两种资源来带动经济增长和产业升级。从外贸看,2019 年山东货物进出口总额不足广东的 1/3、江苏的 1/2,净出口额仅为广东的 1/8、江苏的 1/6,外贸对经济增长的贡献率低;从外资引进看,2019 年山东实际利用外资金额不足广东、江苏的 1/2,全社会固定资产投资中外资所占比重大幅低于发达省份;从对外投资看,山东非金融类对外直接投

---

① 包括京津冀协同发展、长江经济带发展、粤港澳大湾区建设、长三角一体化发展、黄河流域生态保护与高质量发展等。

资流量增势乏力，占全国的比重明显下滑，“走出去”遇到瓶颈；从国际交往看，山东人口的国际流动性差，对外交流合作层次较低。

（四）发展理念与营商环境长期掣肘

山东发展理念相对落后，成为经济社会发展的根本桎梏。从社会层面看，社会观念封闭保守，追求相对稳定的“体制内”职业，对知识和人才的尊重不够，对创新和探索的热情不高，缺乏吴越文化、岭南文化中的“实利重商”传统和“敢为人先”的开拓进取精神。

从政府层面看，“官本位”思想严重，行政权力任性，服务意识淡薄，管理体制相对僵化，治理体系和治理能力无法适应新时代创新驱动发展的需要。发展理念落后直接引发一系列问题。比如，忽视产业转型升级的重要性，长期满足于传统制造业驱动经济增长，缺少对战略性新兴产业的超前布局；经济增长模式传统粗放，追求投资驱动的规模扩张，创新驱动乏力；人才激励疲弱，人才政策缺乏吸引力和竞争力，高层次人力资本大量外流；发展环境堪忧，民营经济市场活力不足；深化开放力度不足，外向型经济发展水平低；等等。山东经济从高速增长转向高质量发展，亟须全方位推进思想解放和体制变革。

四、山东具备支撑中长期高质量发展的良好基础和条件

习近平总书记对新时代山东的发展提出要求和期望：“在全面建成小康社会进程中、在社会主义现代化建设新征程中走在前列，全面开创新时代现代化强省建设新局面。”党的十九大以来，中央对山东的关注度不断提高，山东新旧动能转换综合试验区、中国—上海合作组织地方经贸合作示范区、中国（山东）自由贸易试验区相继设立。习近平总书记指示山东“打造乡村振兴的齐鲁样板”并充分肯定“诸城模式”“潍坊模式”“寿光模式”。山东具备支撑中长期高质量发展的良好基础和条件，中长期发展前景可期。

（一）综合实力名列前茅

山东综合实力依然强劲，具备支撑中长期发展的经济基础。一是经济和人口总量庞大，市场空间和发展前景非常广阔，规模效应显著；二是产业基础雄厚、产业体系健全，基础制造能力和产业配套能力在全国具有优势，产业升级潜力大；三是县域经济发达，大中小城市和小城镇密集，以县域为代表的小城市发展基础良好，构成城市群发育的基本骨架。

（二）区位条件得天独厚

山东具备支撑中长期高质量发展的优越区位条件，在区域协调发展的大局中具有不可替代的地位。

第一，山东是联动北方的支点。在北方的地理格局中，山东向北连通京津冀，向西辐射中原，隔海与东北相望，未来依托“青欧大陆桥”和黄河流域联动东西，依托环渤海和“烟台—大连跨海通道”建设联动东北腹地，是北方地区东、中、西板块和东北板块协调联动的重要支撑点，在北方内联外通的区域发展布局中不可或缺，直接影响南北方区域经济格局。

第二，山东是纵贯南北的枢纽。山东连接京津冀和长三角两大增长极，在推动京津冀协同发展和长三角一体化发展两大战略协调对接、拓展京津冀和长三角的腹地空间、实现南北联动发展上发挥着至关重要的作用。随着陆上综合交通网络越来越发达，山东与两大城市群之间的时间距离大大缩短，空间联系更加紧密。京津冀和长三角向外有序拓展腹地空间，在山东形成腹地交会区域。

第三，山东是陆海统筹的样板。山东推进陆海统筹发展的自然条件优越，拥有面积相当的近海海域和内陆腹地，占全国1/6的海岸线上分布着众多优良港口，海洋资源丰度指数全国第一，是陆海统筹发展的“天然试验场”；山东推进陆海统筹的经济基础雄厚，海洋产业增加值约占全省GDP的1/5，海洋经济总量约占全国的1/5，海洋科技创新资源高度集聚，构筑了经略海洋的核心竞争力。

第四，山东是深化开放的前沿。山东是“一带”和“一路”的重要交汇点，以此为节点，可以构建东联日韩、西接欧亚大陆的东西互联互通大通道，形成陆海并进、东西双向的开放格局；山东是面向东北亚开放的重要窗口，在深化与日韩的经贸合作中处于绝对前沿，青岛有条件成为东北亚国际航运枢纽和贸易中心；山东是“冰上丝绸之路”的重要起点，沿海港口因距离北极航道的起点更近而成为受益者，航运枢纽地位进一步凸显。

五、加快山东中长期高质量发展的战略定位、关键点及思路

（一）战略定位

山东首先要明确面向中长期高质量发展的战略定位，尤其是要强化在国家

区域协调发展格局中的特殊功能和地位。山东中长期高质量发展的战略定位如下。

一是国家南北协调发展的战略支点。依托联动北方和纵贯南北的区位优势，在引领北方经济发展和缩小南北差距方面发挥中流砥柱作用，切实担当好黄河流域生态保护和高质量发展的龙头角色。

二是国家对外开放新高地。依托东联日韩、西接欧亚的海陆双向优势，在深化面向日韩、东北亚及上合组织国家的开放中始终“走在全国前列”，成为国家高水平对外开放的探路者。

三是国家区域协调发展标杆省。依托发展均衡的省内区域经济格局，建设宜居宜业、充满活力、一体发展的山东半岛城市群，打造省域内协调发展的全国标杆和样板。

四是国家产业链现代化先行区。依托体系健全、规模庞大的产业基础，先行探索，紧抓创新，率先引领产业基础高级化、产业链现代化，为传统产业提质升级、新兴产业赶超发展和海洋经济跨越发展贡献“齐鲁经验”。

五是国际一流营商环境新高地。对标国际一流，直面区域竞争，全方位打造适应中长期高质量发展的营商环境和体制机制，率先推进治理体系和治理能力现代化。

（二）战略关键点

山东基于在区域竞争中面临的尴尬处境和具备的基础条件，必须超前谋划中长期破局发展的思路，把握住中长期高质量发展的五个战略关键点。

一是超前谋划、推动并积极争取纳入国家重大发展战略布局，借势国家战略提高区域地位，改变国家战略和政策“洼地”的不利局面。

二是想方设法推动更高水平开放发展，以高水平开放促进双循环发展新格局形成，在建设更高水平开放型经济新体制方面“走在前列”。

三是全力打造面向全球竞争的区域经济增长极，以强有力的“双核”城市和城市群引领区域经济发展，率先形成统筹有力、竞争有序、绿色协调、共享共赢的省内区域协调发展新机制。

四是下大力气加快产业提质升级步伐，稳住优势产业基本盘，以技术创新为突破口，率先建立健全发展先进制造业的体制机制；同时，抢抓“新经济”发展机遇，以“新经济”赶超发展开启山东经济社会发展新局面。

五是以壮士断腕的决心和魄力优化营商环境、加快体制机制改革，以超常规举措将山东打造成人才、技术、资本等产业要素集聚的沃土。

（三）战略思路

1. 实施“鲁辽大联通战略”，打造国家南北协调发展的战略支点

依托“烟台—大连跨海通道”建设实施“鲁辽大联通战略”是遏制南北分化态势的重要举措，应超前谋划、积极推动，争取早日将其上升为国家战略。这对深化南北区域合作、塑造南北联动发展新格局、打造北方经济增长新引擎均具有重大的战略意义，是功在当代、利在千秋的世纪工程。理由如下。

第一，增进东北与华东的经济联系，激发东北振兴新活力。区位及交通障碍是制约东北对外经济联系的重要因素，“烟台—大连跨海通道”一旦建成，不仅将大幅缩短东北与华东的时间距离，降低流通成本，大大增强东北与华东的联动性，改变关外封闭孤立的发展局面，为振兴东北老工业基地提供有力抓手，还将明显畅通国内大循环，促进国内国际双循环新发展格局加速形成，快速形成强大国内市场。

第二，凸显山东在国家南北协调发展战略中的重要地位。山东成为连接华北、东北和华东的核心枢纽，“纵贯南北”的区域枢纽角色进一步凸显，可以更好地融入国家发展战略，承载国家发展使命。

第三，推动两大半岛城市群“抱团”发展，打造环渤海区域增长极。“鲁辽大联通战略”可以推动形成以山东半岛城市群为核心，以济青、沈大沿线为两翼的鲁辽一小时经济圈，有望带动环渤海区域增长极的崛起，重塑南北区域发展格局。

2. 实施“环黄海次区域合作战略”，打造国家对外开放新高地

一段时期以来，以美国为首的部分国家频频“退群”，民粹主义、保护主义和“逆全球化”思潮沉渣泛起，尤其是疫情对全球经济社会发展造成巨大冲击，全球化遭遇空前挑战，全球产业链、供应链本地化、区域化趋势加强，倒逼全球“次区域合作”加速升温。进一步推动与日、韩、德、东盟等国家和地区的“次区域合作”成为深化开放的优选项。

山东与日、韩隔海相望，合作渊源深厚、基础良好，在“中日韩自贸区”谈判多年未果的情况下，应积极推动实施“环黄海次区域合作战略”，以深化与相邻国家间的“次区域合作”，率先实现对重点区域的“深度开放”，以“深度开放”促进鲁、日、韩之间的要素流动、技术合作和市场拓展，进而助力传统产业转型发展。

同时，以建设“亚欧大陆桥”桥头堡为抓手积极融入“一带一路”建设。加快推进中国(山东)自由贸易试验区建设，积极打造国家对外开放新高地。以中国—上合组织地方经贸合作示范区建设为契机，多方位拓展与上合组织、独联体国家之间合作共赢的新领域、新方式。

3.实施山东半岛城市群“增长极培育战略”，打造国家区域协调发展标杆省

城市群已经成为我国经济发展的核心增长极和最具创新活力的区域，是拓展发展空间、释放发展潜力的主要载体，以城市群为主体形态的区域经济发展是未来的基本趋势。中央对城市群建设高度重视和寄予厚望，将“中心城市和城市群带动引领”视为新时代区域协调发展战略的核心抓手。

山东必须准确把握区域经济发展的基本规律，实施山东半岛城市群“增长极培育战略”，集全省之力打造增长极、做强中心城市，强化吸纳能力和集聚效应，创造性地丰富“城市群一体化发展”内涵，形成“三圈互动、双核引领、一体发展”的省内区域经济格局，在全国打造城市群发展的标杆和样板。

第一，山东迫切需要破解“孤岛”困局，打造区域经济“增长极”。面对“前后夹击、三面围堵”的局面，山东破局之路首先是做大做强济南、青岛都市圈，增强两大城市的“极化效应”。同时，推动省内城市从单打独斗走向协调发展，实现“抱团取暖、携手共进”，“抱团”参与区域经济竞争，更好地吸纳、集聚和配置优势资源，对抗要素和产业外流的不利形势。

第二，山东具备打造“全国区域协调发展标杆省”的综合实力和基础条件。山东半岛城市群起步早、基础好、产业体系健全，以县域为代表的中小城市发展均衡、特色鲜明，构成了城市群发育的基本骨架；同时，在财政“分灶吃饭”的体制下，跨省域城市群一体化发展统筹协调难度大、成本高，山东半岛城市群因处于同一省份的行政管辖区域内，更容易通过省委省政府的统筹协调、一体规划实现“抱团”发展、快速破局。

第三，山东半岛城市群培育是统筹区域经济社会发展的有效抓手。城市群建设既符合国家战略方向，又是统揽空间、市场、产业、科技创新、基础设施、公共服务、社会治理、生态环境等各领域的系统工程，能发挥“牵一发而动全身”的撬动效应，可以作为盘活全局的重点战略来优先推进。

4.实施“产业补链建群战略”，打造国家产业链现代化先行区

党的十八大以来，中央提出向全球产业链、价值链中高端迈进的发展方向，而“链条化”“集群化”是培育产业竞争力的基本规律。山东在产业链关键环节和价值链中高端的参与度低，产业发展质量和效益不高，产业链“孤点”“断点”

“堵点”“痛点”问题突出，产业集群化发展水平不高，严重制约了产业竞争能力。建议山东立足自身产业优势，把握未来产业发展方向，实施“产业补链建群战略”，以“链条化”“集群化”思维改造提升传统产业链、布局拓展新兴产业链、畅通产业链上下游联系和打造先进制造业集群，以此推动产业链“补短板”和向全球价值链中高端跃升，拓展产业增长新空间，提高区域产业竞争力。

第一，“补链建群”代表传统制造业提质升级的基本方向。在全球传统制造业普遍面临产能过剩、竞争激烈、效益不佳的行业背景下，日、韩、德等制造强国凭借对产业链关键环节的掌控，实现对传统制造业的重塑。山东庞大的传统制造业要想重获竞争优势，只能通过“啃硬骨头”和“练好内功”，坚持以创新驱动发展提升技术创新能力，突破“卡脖子”的核心技术和关键环节，从头到尾打通优势产业的产业链和价值链，推动传统制造业向先进制造业的“华丽转身”，这对制造强省建设和国家产业链安全都具有重大战略意义。

第二，“补链建群”是新兴产业赶超的便捷路径。新兴产业是未来产业竞争的主战场，山东在新兴产业领域的赶超刻不容缓。通过实施“产业补链建群战略”，山东可以依托工业互联网、大数据、云计算、高端装备、生物医药等优势领域的龙头企业，“以点带链”快速拓展新兴产业链和构建新兴产业集群，全面带动上下游中小企业成长，逐渐形成全产业链的配套能力、快速响应能力，在新兴产业竞争中站稳脚跟。

5.实施“营商环境引领战略”，打造国际一流营商环境高地

营商环境是培育区域竞争力的首要条件。建议山东实施“营商环境引领战略”，把深化营商环境综合改革作为新时代全面深化改革的“系统集成工程”和转变政府职能的核心抓手，作为推进治理体系和治理能力现代化建设的“一号工程”。

与珠三角“敢为人先”、长三角“精益求精”的发展理念和营商环境相比，山东明显落后，问题尤为突出。必须以壮士断腕的决心、弯道超车的勇气，全面深化“放管服”和“一次办好”改革，在全社会营造“尊商重商”的发展理念和营商环境，借此开创山东经济社会发展新局面、新气象，为国家治理体系和治理能力现代化提供新经验、树立新标杆。

山东实施“营商环境引领战略”的重中之重在于破除“官本位”、干部队伍建设。干部队伍的治理理念、能力和精神风貌，是决定营商环境质量的重要因素，山东必须不遗余力地打造一支尊重市场、服务企业、主动作为、勇于担当的干部队伍。

六、加快山东中长期高质量发展的对策建议

（一）以“烟台—大连跨海通道”建设重塑区域经济新格局

第一，建议山东主动与辽、吉、黑三省对接，对“烟台—大连跨海通道”建设的战略意义、可行性、筹资模式、运营机制等问题进行前期调研论证、超前谋划。

第二，主动与国家发改委、交通部等主管部门对接，争取早日将“烟台—大连跨海通道”建设列入国家中长期重大工程项目规划。

（二）以全面深度开放打造对外开放新高地

第一，积极推动实施“环黄海次区域合作战略”。重点推进中韩（烟台）产业园和中日（青岛）地方发展合作示范区建设，推动设立中韩（青岛）、中韩（济南）、中日（济南）、中日（青岛）国际产业园，探索中日、中韩在沿海市县建设跨境经济合作区（或跨境工业园区）；推进主要港口城市与日韩之间的“海上高速”，着力构建海铁联运大通道。

第二，高起点建设中国—上合组织地方经贸合作示范区。一是争取上合组织秘书处在青岛设立常驻办事处（或协调机构）；二是参照东盟国家在南宁设立总领事馆的方式，推动上合组织、独联体国家在青岛设立总领事馆；三是全面拓展与上合组织、独联体等国家在技术、市场、科研、教育、文化等领域的合作，开创性探索开发开放新举措。

第三，推动对外开放政策集成创新。发挥“一带一路”海陆枢纽区位优势和与德国等欧盟国家的合作基础，鼓励自由贸易试验区大胆学习和落地国内领先的开放经验，对标国内一流水平制定贸易和投资便利化的任务清单，集各地所长实现开放政策叠加赋能。

（三）以山东半岛城市群一体化拓展发展新空间

第一，设立山东省“增长极培育战略”工作领导小组，提升山东半岛城市群一体化发展的协调机制和组织保障规格。建立高规格的山东“增长极培育战略”工作领导小组、综合议事平台和顾问咨询委员会，建议由省委书记担任小组组长，省长担任副组长，济南、青岛市委书记担任执行副组长，各地市市委书记和省直部门主要负责人任成员，主要负责指导编制“增长极培育战略”规划，制定和实施体制机制改革举措，统筹协调“济南、青岛都市圈建设”和“山东半岛城

市群一体化”重大事项，督促检查和考核激励问责，等等。

第二，做大做强济南、青岛都市圈，提高中心城市首位度和要素集聚能力。以行政区划调整、基础设施互联互通、重大产业资源布局、放宽城市户籍落户限制以及重大改革举措先行先试等措施为抓手，千方百计提升中心城市的吸引力、竞争力和“极化效应”。

第三，打造“高铁上的山东”，推进基础设施建设全面“走在全国前列”。加密山东半岛城市群高铁路网，高标准推进“市市通高铁”，尽快启动并全速推进“县县通高铁战略”，谋划原 250 km/h 高铁线路升格改建，扩大“一小时通勤圈”的覆盖范围；加快突破城际铁路与城市交通的无缝衔接，探索“高地联运”模式。

（四）以现代化产业链和产业集群释放产业提质升级新动能

第一，强化企业创新主体地位，以“补链延链固链强链”为导向，加快传统优势制造业提质升级。紧抓产业技术创新平台建设，自主研发和技术引进多措并举，全方位支持产业链关键核心技术攻克，重点推动钢铁、化工、机械、纺织等传统行业高端产品的进口替代；深化绿色制造技术和工业互联网、工业云、大数据、人工智能等新一代信息技术在化工、能源、冶金等传统制造业中的集成应用，鼓励制造业与服务业深度融合，助力传统产业向新兴产业转型。

第二，集中力量重点突破新一代信息技术产业，在大数据、云计算、区块链、工业互联网等领域抢占优势。依托浪潮集团打造“中国（浪潮）算谷科技城”，快速打通大数据完整产业链，形成规模可观的大数据产业集群，助力山东建设成为全球算力新高地。依托海尔、浪潮等龙头企业打造国内领先的工业互联网产业链和生态体系。举全省之力培育 2—3 家新一代信息技术企业巨头。

第三，率先构建现代海洋产业链和产业体系。高起点、高质量发展以先进制造和现代服务为主导的新兴海洋产业，全产业链着手重点培育海洋生物医药、海洋工程装备、海洋可再生能源、海水淡化与综合利用、海洋休闲娱乐、涉海金融等海洋产业，以陆海统筹和联动思维推动海洋产业链合理布局，增强海洋产业对区域经济的带动能力。

第四，提升产业集群化发展水平，打造先进制造业集群。尽快编制培育现代产业集群的专项规划和出台系列支持措施，明确各城市的主体功能和主导产业，重点支持各地优势产业加快发展，以城市群和大都市为空间载体加快产业集聚，并将产业集聚水平纳入经济社会发展的考核指标。

第五，加快培育龙头企业。将龙头企业作为打通产业链和打造现代产业集群的抓手，努力建设一批规模大、实力强、品牌价值高、拥有核心技术和自主知识产权的国际知名企业。积极引进全球技术领先企业，借力全球产业资源加快产业链“补短板”。

（五）以营商环境优化激发市场主体新活力

第一，率先推行全省城市营商环境排名制度，将评价结果纳入干部绩效考核体系。构建指标科学、多方参与的省内地市、县区营商环境评价体系，定期对城市营商环境进行评价排名；将评价结果直接与支持政策、干部选拔任用挂钩，探索实行“末位淘汰制”。

第二，完善干部治理。学习借鉴国内外绩效考核制度的先进经验，以因地制宜、科学精准评价地方和干部绩效为突破口，将评价结果和人权、事权、财权挂钩，破解“不作为”“乱作为”“短期行为”等突出问题；与长三角、珠三角建立常态化的干部交流合作机制，全面学习发达地区干部治理理念和经验。

第三，高度重视人才引进，千方百计吸引人才集聚。省内中心城市全面学习深圳、杭州等先进城市的人才政策体系，增加人才引进和高端技能型人才培育的财政投入，创新人才引进和管理的工作机制，努力营造便利化、高品质的宜居环境。

第三部分　专题报告

专题一　山东省经济发展现状评价及发展战略研究

作为全国第三、北方第一经济大省，山东省在全国经济版图中有着举足轻重的地位。但进入“十三五”(2016—2020年)后，山东省经济下行压力陡增，经济增长明显乏力，与领先省份的发展差距进一步拉大，与后发省份的发展差距则持续缩小，在区域竞争中面临“两端挤压”的严峻局面。山东应树立危机意识和转变发展理念，培育和激发新的经济增长动能，遏制经济增速过快下滑的势头。

一、山东省经济发展现状评价

(一)经济总量：山东省是举足轻重的经济大省，但全国经济地位持续下滑

山东省长期保持全国第三、北方第一经济大省的地位。2019年，山东GDP为7.1万亿元，经济总量与全球排名第16位的印度尼西亚大致相当。从经济总量看，山东省稳居全国第一梯队，在区域市场、经济资源等方面具有显著的规模优势(见表1)。但是，山东省在全国的经济地位呈现持续下滑趋势。2006年山东省GDP占全国的比重达到历史峰值，约占全国的1/10。此后占比开始下降，尤其是2015年之后急剧下降，2019年仅为7.17%，较峰值降低了2.81个百分点(见表2)。山东省经济总量与领头羊广东、江苏的差距快速拉大，与浙江、河南的差距则不断缩小。2010年，广东、江苏GDP分别超过山东0.68万亿元、0.23万亿元，而2019年扩大至3.66万亿元、2.86万亿元。与此同时，浙江

与山东的 GDP 差距从 1.14 万亿元缩小至 0.87 万亿元(见表 3)。

表 1　2018 年 GDP 排名前 10 位省份经济总量对比

省份	GDP/亿美元	GDP 大致相当的国家(全球排名)
广东	15103	澳大利亚(13)
江苏	14085	西班牙(14)
山东	10072	印度尼西亚(16)
浙江	8765	荷兰(17)
河南	7546	土耳其(19)
四川	6483	瑞士(20)
湖北	6350	瑞士(20)
福建	5846	波兰(23)
湖南	5490	比利时(24)
上海	5442	比利时(24)

注:1.2018 年各省份 GDP 为第四次全国经济普查修订后的数据,下文与此相同。

2.省份 GDP 按照 2018 年人民币对美元汇率(年平均价)折算为美元 GDP,国际对比基于 2018 年现价美元核算的 GDP(未经购买力平价处理)。

资料来源:国家统计局、世界银行数据库。

表 2　2000—2019 年山东省在全国经济地位的变化

年份	GDP 占全国的比重	人均 GDP 与全国之比	名义 GDP 增速与全国之差
2000	8.31%	1.1743	0.53 个百分点
2001	8.29 个百分点	1.1696	−0.27 个百分点
2002	8.44 个百分点	1.1929	1.96 个百分点
2003	8.79 个百分点	1.2440	4.64 个百分点
2004	9.28 个百分点	1.3144	6.60 个百分点
2005	9.81 个百分点	1.3987	6.52 个百分点
2006	9.98 个百分点	1.4067	2.09 个百分点
2007	9.54 个百分点	1.3469	−5.38 个百分点
2008	9.69 个百分点	1.3666	1.81 个百分点
2009	9.73 个百分点	1.3710	0.41 个百分点

续表

年份	GDP占全国的比重	人均GDP与全国之比	名义GDP增速与全国之差
2010	9.50个百分点	1.3343	−2.69个百分点
2011	9.30个百分点	1.3039	−2.59个百分点
2012	9.29个百分点	1.2983	−0.12个百分点
2013	9.31个百分点	1.3022	0.33个百分点
2014	9.23个百分点	1.2905	−0.94个百分点
2015	9.15个百分点	1.2773	−1.02个百分点
2016	9.11个百分点	1.2696	−0.38个百分点
2017	8.73个百分点	1.2132	−4.70个百分点
2018	7.25个百分点	1.0050	−18.73个百分点
2019	7.17个百分点	0.9966	−1.16个百分点

资料来源：国家统计局。

表3　2000—2019年广东、江苏、浙江与山东名义GDP对比

年份	广东		江苏		浙江	
	名义GDP之差/亿元	名义GDP之比	名义GDP之差/亿元	名义GDP之比	名义GDP之差/亿元	名义GDP之比
2000	2404	1.2883	216	1.0259	−2196	0.7366
2005	4191	1.2282	232	1.0126	−4949	0.7305
2010	6843	1.1747	2256	1.0576	−11448	0.7077
2015	9810	1.1557	7114	1.1129	−20116	0.6807
2019	36604	1.5151	28564	1.4019	−8716	0.8774

资料来源：国家统计局。

（二）经济增速：经济增速下行压力陡增，且下行趋势将长期持续

2011年以来，全国经济增速明显放缓，山东经济增速开始缓慢下行。进入"十三五"后，经济下行压力陡增，GDP增速从2015年的8%快速下降至2019年的5.5%，2019年GDP增速在全国31个省份中排名倒数第5位，比全国整体水平低0.6个百分点（见图1）。"十三五"期间，山东GDP增速大幅落后于广东、江苏等经济大

省，增速下行之快在经济大省中绝无仅有(见表 4 和图 2)。

预测山东经济增速下行趋势仍将持续，山东经济增速下行是周期性下行叠加长期潜在增长率下行的双重结果，尤其是后者起了主导作用。山东仍需要较长时间消化传统产业衰退带来的下行压力，新兴产业对经济增长的拉动作用释放缓慢，“十四五”期间仍面临经济增长乏力的严峻局面。

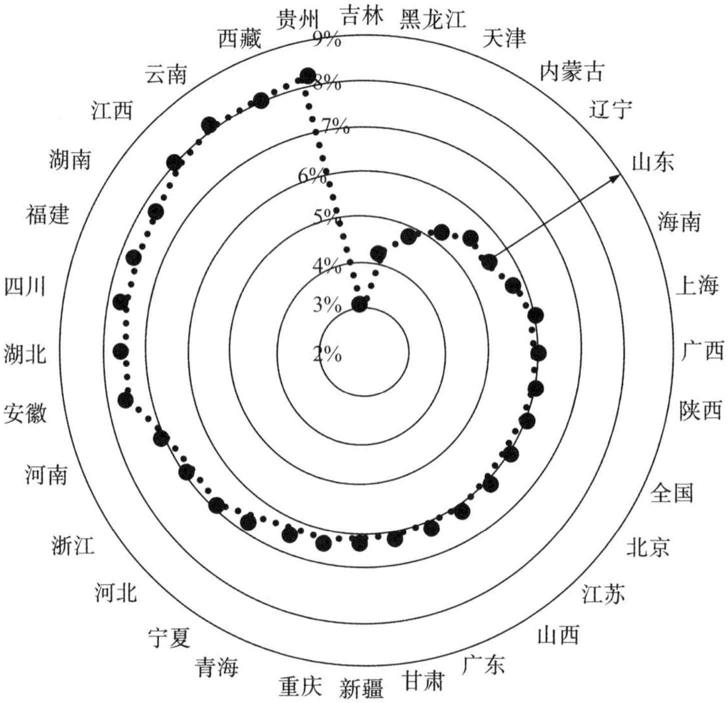

图 1　2019 年全国及各省份 GDP 增速比较

资料来源：国家统计局。

表 4　2001 年以来山东、广东、江苏、浙江 GDP 年均增速变化　　单位：%

	山东	广东	江苏	浙江
实际 GDP 年均增速				
“十五”期间(2001—2005 年)	13.20	14.00	13.90	13.60
“十一五”期间(2006—2010 年)	13.10	11.50	12.70	10.90
“十二五”期间(2011—2015 年)	9.40	8.50	9.60	8.20
“十三五”期间(2016—2019 年)	6.70	7.00	6.90	7.30

续表

	山东	广东	江苏	浙江
名义 GDP 年均增速				
“十五”期间（2001—2005 年）	17.10	16.00	16.80	16.90
“十一五”期间（2006—2010 年）	16.40	15.30	17.40	15.60
“十二五”期间（2011—2015 年）	10.00	9.60	11.10	9.10
“十三五”期间（2016—2019 年）	3.10	10.30	9.20	9.80

注：第四次全国经济普查未对实际 GDP 增速进行修订，导致实际 GDP 增速大幅高于名义 GDP 增速。

资料来源：国家统计局。

图 2　2011—2019 年山东、广东、江苏、浙江季度 GDP 增速变化

注：季度 GDP 增速为当季度累计同比增速。

资料来源：国家统计局。

（三）发展阶段：人均 GDP 已低于全国平均水平，在全国处于第三梯队

第四次全国经济普查大幅向下修订山东 GDP 数据，修订后山东人均 GDP 大幅下降，2019 年人均 GDP 为 7.07 万元，下滑至全国第 10 位，被湖北、重庆等

后发省份反超;人均 GDP 略低于全国平均水平,这在 1987 年以来首次出现。

山东经济发展水平在全国处于第三梯队(见表 5)。第一梯队为北京、上海,人均 GDP 达到初等发达国家水平,早在 2011 年就迈入高收入水平行列;第二梯队为江苏、浙江、福建、广东、天津等 5 个省份,人均 GDP 已经迈入高收入水平行列;第三梯队为湖北、重庆、山东等省份,人均 GDP 尚未达到高收入水平门槛,但已经突破 1 万美元关口。山东人均 GDP 仅相当于美国 1977—1978 年的水平,与哈萨克斯坦的人均 GDP 大致相当。山东与第二梯队的江苏、浙江等经济强省尚有显著差距,经济增速的快速下行,进一步拉开了与经济强省的发展差距。2010 年广东、江苏、浙江人均 GDP 分别为山东的 1.09 倍、1.29 倍、1.26 倍,2019 年差距快速扩大到 1.34 倍、1.75 倍、1.54 倍,山东对经济强省的赶超任重道远。

表 5　2018 年人均 GDP 排名前 10 位的省份经济发展水平对比

		人均 GDP /现价美元①	迈入高收入水平行列的时间②	相当于美国的发展阶段③	人均 GDP 大致相当的经济体④
第一梯队	北京	23224	2011 年	1989—1990 年	葡萄牙(36)
	上海	22452	2011 年	1988—1989 年	捷克(38)
第二梯队	江苏	17496	2013 年	1984—1985 年	拉脱维亚(44)
	浙江	15278	2015 年	1982—1983 年	波兰(54)
	福建	14835	2017 年	1982—1983 年	克罗地亚(55)
	广东	13312	2018 年	1980—1981 年	罗马尼亚(57)
	天津	12596	2018 年⑤	1980—1981 年	阿根廷(59)
第三梯队	湖北	10732	—	1977—1978 年	马来西亚(63)
	重庆	10518	—	1977—1978 年	赤道几内亚(65)
	山东	10024	—	1977—1978 年	哈萨克斯坦(66)

注:①2018 年各省份人均 GDP 为全国第四次经济普查修订后的数据,按照 2018 年人民币对美元汇率(年平均价)折算为美元人均 GDP;②根据世界银行世界发展指标的分类,将人均 GDP 在 12055 美元以上的经济体纳入高收入水平行列;③与美国发展阶段的对比基于美国历年以现价美元核算的人均 GDP(未经购买力平价处理);④与各国的对比基于 2018 年现价美元核算的人均 GDP(未经购买力平价处理);⑤由于天津市多次向下修订 GDP 数据,按照最新修订后的人均 GDP 判断其迈入高收入水平行列的时间。

资料来源:根据国家统计局网站数据、世界银行数据库计算。

(四)经济效率:生产率与发达省份有较大差距,要素配置和使用效率不高

经济效率指标反映经济增长的质量和资源配置的有效性,主要通过各类生产率指标来衡量。

一是劳动生产率,即劳动要素的投入产出效率,用单位从业人员创造的经济增加值表示。山东劳动生产率与发达省份有明显差距,2019 年江苏、广东的劳动生产率分别为山东的 1.82 倍、1.44 倍(见表 6),且劳动生产率差距大于人均 GDP 差距。山东省劳动生产率落后的最重要原因是人均资本存量过低,资本深化滞后制约了劳动要素生产率的提高。山东省对劳动要素的利用程度也不及发达省份,2008 年以来城镇登记失业率显著高于广东、江苏和浙江(见图 3),非充分就业导致经济产出的无谓损失。

二是全要素生产率,即全部要素的综合投入产出效率,用总产出与全部要素投入之比表示。使用 DEA(数据包络分析)方法简要评价 2017 年 31 个省份劳动和资本投入产出的综合效率。[①] 结果显示,山东全要素生产率在全国排第 13 位,落后于其人均 GDP 排名,综合效率、纯技术效率、规模效率分别仅为 38.3%、51.5%、74.2%(见表 7)。山东对劳动和资本的配置与使用效率大幅落后于发达省份,原因有二:一是山东的技术、人力资本、企业家精神等未被观测到的要素与发达省份相比不够充裕,二是营商环境、基础设施质量等宏观环境因素不及发达省份。

表 6 2000—2019 年广东、江苏、浙江与山东劳动生产率对比

年份	广东		江苏		浙江	
	劳动生产率之差/元	劳动生产率之比	劳动生产率之差/元	劳动生产率之比	劳动生产率之差/元	劳动生产率之比
2000	11604	1.7574	4039	1.2636	7206	1.4703
2005	13463	1.4281	9174	1.2917	11826	1.3761

① 产出指标采用以 1978 年不变价格表示的 GDP,投入指标采用固定资本存量和从业人员数量。固定资本存量的计算使用永续盘存法,永续盘存法涉及基期资本存量的计算、折旧率的选择和投资价格平减三个问题。本文直接使用张军等(2004)测算的 1994 年各省份资本存量作为基期资本存量,折旧率也使用其计算的 9.6%,对历年固定资产投资采用当年的固定资产投资价格指数进行平减折算。

续表

年份	广东		江苏		浙江	
	劳动生产率之差/元	劳动生产率之比	劳动生产率之差/元	劳动生产率之比	劳动生产率之差/元	劳动生产率之比
2010	17196	1.2810	25941	1.4240	15059	1.2461
2015	22085	1.2325	52359	1.5512	19874	1.2092
2019	50443	1.4387	94726	1.8238	47560	1.4136

资料来源：国家统计局。

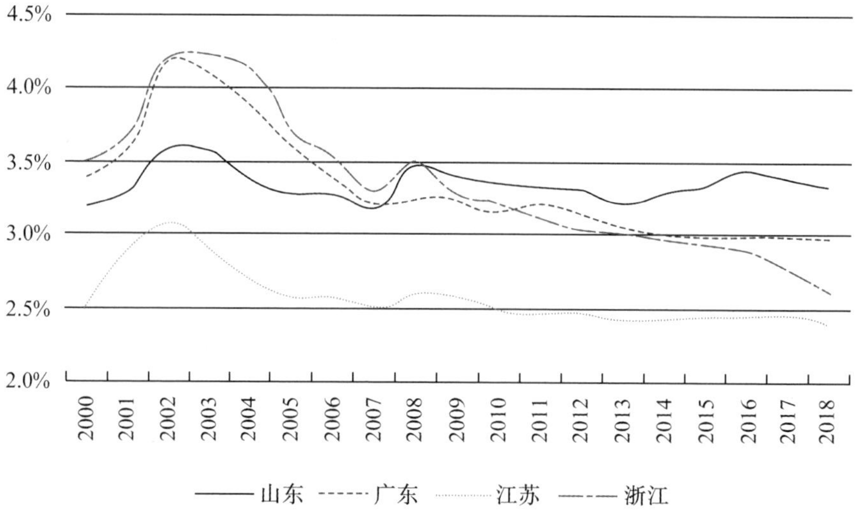

图 3　2000—2018 年山东、广东、江苏、浙江城镇登记失业率变化

资料来源：国家统计局。

表 7　2017 年各省份全要素生产率比较

	综合效率	纯技术效率	规模效率
北京	1	1	1
上海	1	1	1
江苏	0.738	1	0.738
广东	0.598	1	0.598

续表

	综合效率	纯技术效率	规模效率
浙江	0.576	0.731	0.787
天津	0.547	0.694	0.788
福建	0.519	0.546	0.952
陕西	0.491	0.524	0.938
重庆	0.474	0.518	0.915
湖北	0.438	0.479	0.916
内蒙古	0.423	0.502	0.843
辽宁	0.388	0.466	0.832
山东	0.383	0.515	0.742
新疆	0.369	0.470	0.784
湖南	0.359	0.365	0.983
宁夏	0.351	0.866	0.405
四川	0.333	0.374	0.889
江西	0.323	0.349	0.926
海南	0.322	0.638	0.505
青海	0.317	0.925	0.342
山西	0.314	0.355	0.884
河北	0.295	0.296	0.999
安徽	0.294	0.294	0.999
贵州	0.286	0.343	0.833
吉林	0.285	0.381	0.748
河南	0.279	0.349	0.799
甘肃	0.276	0.508	0.543
云南	0.264	0.293	0.902
广西	0.260	0.291	0.893
黑龙江	0.244	0.328	0.743
西藏	0.220	1	0.220

资料来源：国家统计局。

（五）增长模式：仍处于投资驱动发展阶段，增长模式转型迫在眉睫

增长模式反映经济增长驱动力的来源，是分析经济增长质量和可持续性的

重要视角。目前山东仍处于投资驱动发展阶段，经济增长的内生动力不足，增长模式转型迫在眉睫。从支出法 GDP 构成看，2000—2017 年山东资本形成率的平均值为 51.9%，投资在总需求中所占比重最高；投资是山东经济增长的第一驱动力，对经济增长贡献率的平均值为 51.1%。与山东相比，广东、江苏、浙江等发达省份消费和净出口在总需求中所占比重更高，对经济增长的贡献率也更大，接近发达国家的增长模式(见表 8)。

表 8　2000—2017 年山东、广东、江苏、浙江支出法 GDP 构成　　单位：%

总需求构成							
省份	构成	2000 年	2005 年	2010 年	2015 年	2017 年	均值
山东	最终消费率	48.2	40.7	39.1	41.5	48.4	43.1
	资本形成率	49.4	51.2	54.9	56.5	50.1	51.9
	净出口率	2.4	8.1	6.0	2.0	1.4	5.0
广东	最终消费率	53.2	50.8	48.8	51.1	50.3	50.4
	资本形成率	35.9	36.5	38.5	41.7	44.2	38.4
	净出口率	10.9	12.7	12.7	7.2	5.5	11.2
江苏	最终消费率	43.4	41.2	41.6	50.0	50.1	44.2
	资本形成率	47.3	50.9	51.1	43.6	43.5	48.1
	净出口率	9.3	7.9	7.3	6.4	6.4	7.7
浙江	最终消费率	51.3	47.3	46.0	48.8	49.2	48.0
	资本形成率	43.2	48.1	46.7	44.0	44.0	45.3
	净出口率	5.5	4.6	7.3	7.2	6.8	6.7
三大需求对经济增长的贡献率							
省份	构成	2000 年	2005 年	2010 年	2015 年	2017 年	均值
山东	消费	31.4	27.2	33.3	54.6	65.9	46.0
	投资	69.5	58.5	64.3	50.5	38.5	51.1
	净出口	−0.9	14.4	2.4	−5.1	−4.4	2.9
广东	消费	42.3	34.9	50.5	65.8	47.9	51.0
	投资	22.8	27.8	42.1	32.3	56.6	43.5
	净出口	34.9	37.3	7.4	2.0	−4.6	5.5

续表

三大需求对经济增长的贡献率							
省份	构成	2000 年	2005 年	2010 年	2015 年	2017 年	均值
江苏	消费	39.7	39.8	41.1	79.0	41.5	49.0
	投资	52.5	41.8	51.7	15.9	49.9	45.1
	净出口	7.8	18.3	7.2	5.0	8.6	5.9
浙江	消费	103.2	52.6	40.2	57.9	60.4	52.6
	投资	17.2	39.6	49.5	38.8	30.3	43.7
	净出口	−20.4	7.8	10.3	3.3	9.3	3.7

资料来源：国家统计局。

收入法 GDP 构成同样反映出山东增长模式的短板。2000—2017 年山东劳动者报酬占 GDP 份额的平均值为 42.4%，低于广东、江苏等发达省份。劳动者报酬在国民收入分配中的比重偏低，制约了居民消费能力，进一步强化了投资驱动的增长模式。由于投资在总需求中的比重最高，山东固定资产折旧占 GDP 份额的平均值高达 15.4%，大幅高于发达省份(见表 9)。

表 9　2000—2017 年山东、广东、江苏、浙江收入法 GDP 构成　　单位：%

省份	构成	2000 年	2005 年	2010 年	2015 年	2017 年	均值
山东	劳动者报酬	47.9	37.6	39.5	44.4	45.7	42.4
	生产税净额	14.2	13.9	16.0	13.1	13.2	14.8
	固定资产折旧	17.9	15.5	13.7	14.4	14.2	15.4
	营业盈余	20.1	33	30.8	28.1	26.9	27.4
广东	劳动者报酬	52.1	47.1	44.5	49.1	48.6	47.8
	生产税净额	16.4	14.1	14.7	14.0	13.5	15.0
	固定资产折旧	17.3	16.1	13.2	13.2	13.4	14.5
	营业盈余	14.2	22.8	27.6	23.6	24.5	22.7
江苏	劳动者报酬	45.8	40.9	41.4	44.4	43.6	42.8
	生产税净额	12.9	14.1	15.2	13.0	12.9	14.3
	固定资产折旧	14.3	16.3	13.2	12.7	13.6	13.8
	营业盈余	27.0	28.7	30.2	29.8	29.9	29.1

续表

省份	构成	2000年	2005年	2010年	2015年	2017年	均值
浙江	劳动者报酬	43.1	39.7	38.9	48.0	46.8	42.4
	生产税净额	14.6	14.3	15.4	14.5	14.4	14.9
	固定资产折旧	13.3	14.1	12.0	12.7	12.5	13.0
	营业盈余	28.9	31.9	33.7	24.8	26.2	29.7

资料来源:国家统计局。

二、发达国家经济增长的一般规律

工业革命后,主要发达国家经历了200多年的经济增长历程,为后发国家提供了经济增长的一般路径和规律借鉴。

(一)增长模式:从要素驱动到创新驱动

在经济发展的各个阶段,不同要素、产业对经济增长的贡献存在差异(见表10)。工业化中期及其之前,经济增长主要依赖资本积累和劳动力投入,每个发达国家都经历了或长或短的要素驱动的粗放式增长阶段。进入工业化后期,以技术进步为核心特征的效率驱动成为经济增长的主要驱动力。索洛发现,资本和劳动力的增长只能部分解释经济增长,除此之外有庞大的"剩余量",即技术进步的贡献。在后工业化时期,创新活动对经济增长的贡献越来越重要。2013年,经济合作与发展组织(OECD)认为人类已经进入知识经济时代,知识资本成为决定经济增长和产业变迁的最重要因素。从发达国家增长模式变迁来看,要素驱动是经济增长的必经阶段,但向创新驱动转型是跨入发达经济体的必修课,在宏观经济管理中应将提高经济效率作为重要的政策目标。

表10 不同工业化阶段经济增长驱动来源

	主要内容	驱动因素	主导产业	贡献来源顺序	增长理论
工业化前期	对自然资源的开发	自然资源的大量投入	农业	劳动力、自然资源	马尔萨斯陷阱
工业化初期	机器工业开始代替手工劳动	劳动力大量投入	纺织工业	劳动力、资本、规模经济	古典增长理论

续表

	主要内容	驱动因素	主导产业	贡献来源顺序	增长理论
工业化中期	中间产品增加和产品迂回程度提高	资本积累	重化工业	资本、规模经济、技术进步、劳动力	哈罗德-多马增长理论
工业化后期	生产效率的提高	技术进步	加工组装工业	技术进步、资本、规模经济、劳动力	新古典增长理论
后工业化时期	学习和创新	新知识	高新技术产业和服务业	知识进步、人力资本、技术进步	内生增长理论

资料来源:弗里曼. 技术政策与经济绩效:日本国家创新系统的经验[M]. 南京:东南大学出版,2008,97.

(二)增长速度:经济增长率随发展水平的提高而下降

发达国家的增长路径显示,随着人均 GDP 的提高,经济增长速度开始缓慢下滑,最终稳定在一个较低的水平。以美国和日本为例,近 60 年来两国经济增长率整体呈现阶段性下降趋势,近 10 年来美国经济增长率稳定在 2%左右,日本经济增长率稳定在 1%左右(见图 4)。由于资本边际报酬递减和前沿创新的高风险性,长期经济增速下滑是必然趋势,经济增长率最终收敛于由技术进步速度决定的稳态水平。中国也正在经历经济增速缓慢下行的过程,这本身符合增长规律,但需警惕经济增速过早、过快下行到较低水平,从而落入"中等收入陷阱"。

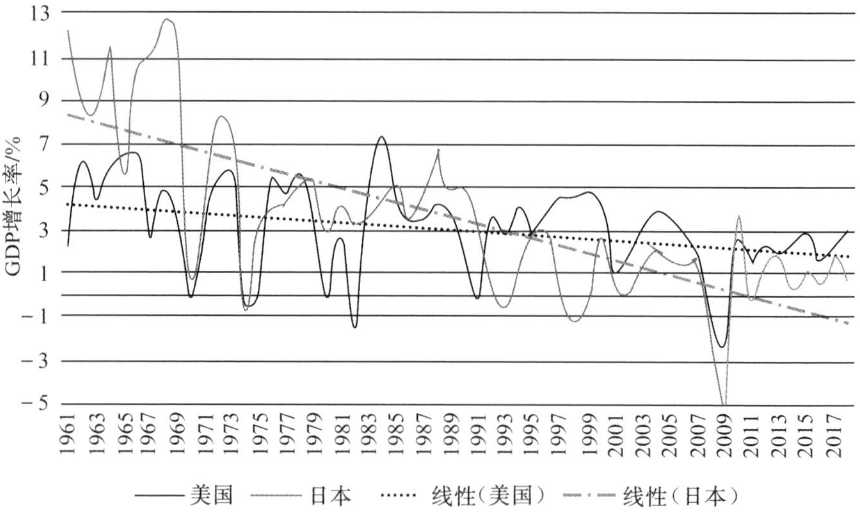

图 4　1961—2017 年美国和日本经济增长率变化

资料来源:世界银行。

三、山东省经济发展的战略思路及对策建议

面对经济增速持续下行和全国经济地位下滑的困境,山东省应树立危机意识,转变发展理念,积极培育和激发新的经济增长点,力争在区域经济竞争中重新确立优势。

(一)战略思路

经济发展战略制定应以高质量发展为指导理念,兼顾数量目标和质量目标。短期内数量目标和质量目标可能存在一定冲突,但中长期来看二者相辅相成,相互促进。从数量目标看,"十四五"期间山东省 GDP 年均增长率应守住 5%的底线,力争 2023 年跨过高收入水平经济体门槛(人均 GDP 达 1.2 万美元),人均 GDP 保持在全国前 10 位;中长期山东省 GDP 年均增长率应与全国平均增速基本保持一致,在全国的经济地位保持相对稳定,在全国较早达到基本实现现代化的经济目标。从质量目标看,经济发展模式转变取得突出成效,投资对经济增长的贡献率下降,技术进步对经济增长的贡献率大幅提高;产业结构显著改善,先进制造业和现代服务业占比稳步提高;经济效率持续改善,全要素生产率与发达省份的差距不断缩小。

重点突出“空间、产业、要素、治理”四大抓手，培育经济增长的内生动力。一是加快推进山东半岛城市群建设。推动省内城市从单打独斗走向协调发展，实现“抱团取暖、携手共进”，共同参与区域经济竞争，从而打造区域经济增长极和提升整体竞争力。二是加快推进现代产业体系和产业集群建设。以先进制造业和现代服务业为重点构建现代产业体系，尤其加快在新一代信息技术产业中的前瞻性布局；以产业集聚化发展构筑全产业链竞争优势，大力提高产业空间集聚水平，打造部分主营业务收入达万亿级的庞大产业集群。三是加快优化政府投资手段的运用。大幅增加政府对新型基础设施、人力资本和战略性新兴产业的投资，以优化政府投资方式和结构，引导经济发展模式从投资驱动向创新驱动转变，提高要素供给质量。四是加快推进治理体系和治理能力现代化建设。围绕优化营商环境，建设敢作为、有担当的干部队伍，提高政府服务效率和服务意识，形成尊重价值创造的社会环境，更好地激发市场主体活力。

（二）对策建议

1.推进山东半岛城市群一体化发展，打开经济增长新空间

第一，强化城市群建设的组织保障和协调机制，建立高规格的工作领导小组、综合议事平台和顾问咨询委员会。第二，规划先行解决区域合作基础问题，集中力量编制山东半岛城市群一体化发展规划体系，在一张蓝图上编制总体规划和国土空间、产业布局、基础设施、公共服务、资源环境等领域的专项规划，形成具有前瞻性、战略性眼光的统一规划体系。第三，加快基础设施互联互通，超前打造“高铁上的城市群”，高标准推进“市市通高铁”，及早谋划原 250km/h 高铁线路升格改建，尽快启动并全速推进“县县通高铁”战略。

2.建设现代产业体系和现代产业集群，释放产业升级新动能

第一，集中力量重点突破新一代信息技术产业，在大数据、云计算、工业互联网等领域抢占优势。第二，提升产业集群化发展水平，尽快编制培育现代产业集群的专项规划和出台系列支持措施，以城市群和大都市为空间载体加快产业集聚，将产业集聚水平纳入经济社会发展的考核指标。第三，以绿色发展为导向加快传统优势产业提质升级，助力传统产业向新兴产业转型，深化绿色制造技术和工业互联网、工业云、大数据等信息技术在传统制造业中的集成应用。

3.提高创新型要素的集聚和供给水平，夯实创新驱动新根基

第一，千方百计吸引人才集聚，深入实施“人才强省”战略，省内中心城市全面学习先进城市的人才政策体系，增加人才引进和高端技能型人才培育的财政

投入。第二，大幅增加财政科技资金投入，扩大财政出资的风险投资基金规模，由政府委托专业风险投资机构运营，主动作为，瞄准世界前沿技术并推动其在山东省转化与落地。第三，以超常规手段推进新型基础设施建设，特别是5G网络部署、工业互联网、综合数据中心等领域，发挥新型基础设施建设对稳增长和调结构的双重效应。

4.系统优化营商环境，激发市场主体新活力

第一，改进政府绩效考核体系，以精准评价干部绩效为突破口治理“不作为”问题，将“干与不干”“干多干少”“干好干坏”区分开来，增强干部的正负激励机制。第二，围绕企业经营管理全流程，制定优化营商环境的系统改革方案和政策措施，积极探索企业投资项目承诺制改革，努力构建审批少、流程优、效率高、服务好、可预期的良好营商环境。第三，提升政务服务质量和水平，全面加快“互联网＋政务服务”成果转化工作，加快构建电子政务云平台，打通各层级、各领域数据壁垒，实现政务资源、审批信息互联互通、及时共享。

5.提升开放型经济发展水平，打造对外开放新高地

第一，发掘隔海相望优势，全方位深化中日韩合作，重点推进中韩（烟台）产业园和中日（青岛）地方发展合作示范区建设，推动设立中韩（青岛）、中韩（济南）、中日（济南）、中日（青岛）国际产业园；推进主要港口城市与日韩之间的“海上高速”，着力构建海铁联运大通道。第二，高起点建设上合组织地方合作示范区，全面深化与上合组织国家在产业、科研、教育领域的合作，开创性探索并设立“跨空”边民互市贸易区。第三，加强对外开放政策的集成探索，推动自由贸易试验区学习和落地国内先进经验，实现开放政策叠加赋能。

专题二　山东省产业发展现状评价及发展战略研究

山东省产业体系健全，产业基础良好，部分优势产业在全国具有举足轻重的地位。但是，山东省面临产业结构过于传统、经济效益偏低和产业竞争力不强的突出问题，产业发展水平与发达省份有较大差距，处于追赶者地位；同时，近年来部分后发省份大力发展战略性新兴产业，与山东省的产业发展差距持续缩小。山东省在国内正面临“两端挤压”的严峻局面，亟须全力推动产业转型升级，提升产业竞争力。

一、山东省产业发展现状评价

（一）三次产业结构：第三产业占比逐年攀升，但需警惕过早去工业化的风险

山东省第二产业占比在2006年达到峰值，此后开始下降；第三产业占比在2008年后快速上升，2016年第三产业占比首次超过第二产业，成为主导产业。山东省产业结构变迁符合产业发展的一般规律。但是，近年来山东省出现了过早去工业化的现象，工业增长乏力①，严重拖累经济增长，工业占比和贡献率急速下降。2019年第三产业占比已经超过第二产业13.12个百分点，第二产业占比低于广东省、江苏省等发达省份（见表1和图1），逼近德国（37.4%）。在人均国民收入水平较低时就快速向服务型经济转型，对提高全要素生产率和维持长

① 2011—2019年山东省、广东省、江苏省工业增加值年均增速分别为0.97%、6.04%、7.02%。

期经济增长产生严重不利影响。

表1　2000—2019年山东、广东、江苏三次产业结构对比　　单位：%

年份	山东			广东			江苏		
	第一产业	第二产业	第三产业	第一产业	第二产业	第三产业	第一产业	第二产业	第三产业
2000	15.22	49.95	34.84	9.18	46.54	44.27	12.26	51.86	35.88
2005	10.69	57.05	32.26	6.33	50.35	43.32	7.86	56.59	35.55
2010	9.16	54.22	36.62	4.97	50.02	45.01	6.13	52.51	41.35
2015	7.90	46.80	45.30	4.59	44.79	50.61	5.68	45.7	48.61
2019	7.20	39.84	52.96	4.04	40.44	55.51	4.31	44.43	51.25

资料来源：国家统计局。

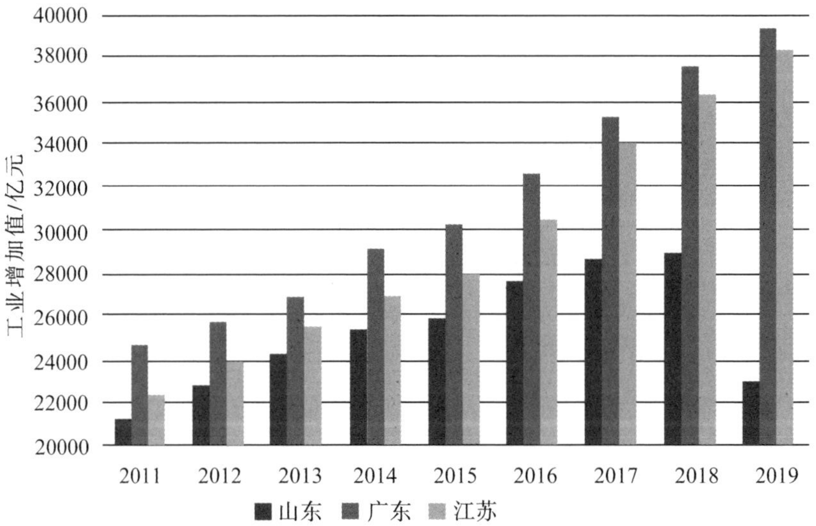

图1　2011—2019年山东、广东、江苏工业增加值变化

资料来源：国家统计局。

（二）工业结构与效益

1.工业行业结构

山东省工业行业偏重于化工类行业和一般加工业，装备制造业发展严重滞后，在抢占未来产业竞争制高点的竞赛中处于劣势。

山东省工业门类齐全，工业基础雄厚，产业配套能力较强，是传统工业大省。山东省工业优势集中体现在化工类行业和一般加工业，2018 年石油加工、炼焦和核燃料加工业的主营业务收入占比（11.4%）最高，其次为化学原料和化学制品制造业（10.4%）、农副食品加工业（7.8%），均为基础工业。此外，钢铁、有色、纺织、医药等行业也有显著优势。但是，山东省以装备制造为主的机电行业非常薄弱，在制造业中占比很低。装备制造业顺应了我国进入工业化后期阶段的客观需要，《中国制造 2025》对装备制造业给予高度重视。同为工业大省的广东省、江苏省工业占比最高的行业均为计算机、通信和其他电子设备制造业，其次为电气机械和器材制造业，工业结构更符合产业发展趋势。装备制造业发展滞后，严重制约了山东省工业转型升级的进程，尤其是计算机、通信和其他电子设备制造业占比过低，阻碍了新一代信息技术行业的发展，使山东省在抢占未来产业竞争制高点的竞赛中处于劣势（见表 2 和表 3）。

表 2　2018 年山东、广东、江苏前五大工业行业对比　　单位：%

山东		广东		江苏	
石油加工、炼焦和核燃料加工业	11.4	计算机、通信和其他电子设备制造业	28.6	计算机、通信和其他电子设备制造业	13.6
化学原料和化学制品制造业	10.4	电气机械和器材制造业	10.3	电气机械和器材制造业	10.6
农副食品加工业	7.8	汽车制造业	6.2	化学原料和化学制品制造业	9.6
有色金属冶炼和压延加工业	6.4	电力、热力生产和供应业	4.8	黑色金属冶炼和压延加工业	6.9
黑色金属冶炼和压延加工业	5.4	化学原料和化学制品制造业	4.4	通用设备制造业	6.1
合计	41.4	合计	54.3	合计	46.8

注：根据各行业主营业务收入占比计算。

资料来源：《山东统计年鉴（2019）》《广东统计年鉴（2019）》《江苏统计年鉴（2019）》。

表 3　2018 年山东、广东、江苏制造业类别结构对比　　单位：%

制造业类别	山东	广东	江苏
一般加工业	25.5	18.9	15.7
化工类行业	31.0	12.7	19.1
金属、非金属加工业	20.3	12.9	18.1
机电行业	23.2	55.6	47.1

资料来源：《山东统计年鉴(2019)》《广东统计年鉴(2019)》《江苏统计年鉴(2019)》。

2.工业技术结构

高技术制造业是山东省工业部门的薄弱环节，技术创新对工业发展的驱动力弱。

近年来，山东省以新一代信息技术、高端装备、新能源等为代表的高新技术产业增速远超工业平均增速，工业技术结构明显改善，但是依然不容乐观。2018 年，山东省高技术密集型行业占比为 18.8%，大幅落后于广东省、江苏省。高技术制造业是制造业中技术密集度最高的 6 类行业之一，山东省高技术制造业的各项指标在全部工业中的占比都非常低，不仅大幅落后于发达省份，甚至大幅落后于全国平均水平。可见，高技术制造业已经成为山东省制造业的薄弱环节。从工业企业的科技活动看，山东省有 R&D 活动和研发机构的企业占比均不及全国平均水平，新产品销售收入占比等产出指标也低于全国平均水平，技术创新对工业发展的驱动力弱(见表 4 至表 6)。

表 4　2018 年山东、广东、江苏规模以上工业企业技术结构对比　　单位：%

	山东	广东	江苏
高技术密集型行业	18.8	46.9	41.9
中技术密集型行业	16.0	11.0	17.3
低技术密集型行业	65.1	42.1	40.7

资料来源：《山东统计年鉴(2019)》《广东统计年鉴(2019)》《江苏统计年鉴(2019)》。

表 4 需要注意以下问题：根据 2017 年 R&D 经费投入强度(即 R&D 经费内部支出占主营业务收入的比重)来判断各工业行业的技术密集程度。其中，高技术密集型行业(研发强度在 1.5%以上)包括铁路、船舶、航空航天和其他运输设备制造业，仪器仪表制造业，医药制造业，计算机、通信和其他电子设备制造业，专用设备制造业，电气机械和器材制造业，通用设备制造业等 7 个大类行

业。中技术密集型行业(研发强度在1%和1.5%之间)包括汽车制造业,金属制品、机械和设备修理业,化学纤维制造业,其他制造业,化学原料和化学制品制造业等5个大类行业。其余均为低技术密集型行业。

表5　2018年山东、广东、江苏及全国高技术制造业对比

	山东	广东	江苏	全国
企业数/个	1978	8525	4870	32027
企业数占全部工业比重/%	5.16	17.96	10.66	8.87
营业收入/亿元	6989	46747	26160	159376
营业收入占全部工业比重/%	7.54	34.47	20.42	15.36
利润总额/亿元	600	2342	1784	11296
利润总额占全部工业比重/%	12.30	28.18	21.01	15.51

资料来源:《中国科技统计年鉴(2019)》《中国统计年鉴(2019)》。

表5需要注意以下问题:高技术制造业是指国民经济行业中R&D投入强度(即R&D经费支出占主营业务收入的比重)相对较高的制造业行业,《高技术产业(制造业)分类(2013)》将其分为医药制造、航空航天器及设备制造、电子及通信设备制造、计算机及办公设备制造、医疗仪器设备及仪器仪表制造、信息化学品制造等6大类。

表6　2018年山东、广东、江苏及全国规模以上工业企业科技活动对比

		山东	广东	江苏	全国
企业研发活动开展	有研发机构的企业数/个	2734	19397	20298	72607
	有研发机构的企业占比/%	7.13	40.87	44.44	19.19
	有R&D活动的企业数/个	7984	16570	19669	104820
	有R&D活动的企业占比/%	20.83	34.92	43.06	27.7
研发人员投入	R&D人员数量/万人	38.84	80.64	62.34	426.12
	R&D人员全时当量/万人年	23.65	62.2	45.55	298.12
	每万人从业人员中R&D人员数量/人	558.1	628.8	673.2	536.5

续表

		山东	广东	江苏	全国
研发经费投入	R&D经费内部支出/亿元	1418	2107	2025	12955
	R&D经费研发强度/%	1.53	1.55	1.58	1.27
研发机构	企业办研发机构数量/个	4087	21740	22469	83115
研发产出	新产品销售收入/亿元	15247	39376	28425	197094
	新产品销售收入占比/%	16.45	29.03	22.19	19.28
	有效发明专利数/万件	6.35	32.85	17.61	109.42

资料来源:《中国科技统计年鉴(2019)》。

3.工业企业效益

山东省经济效益不及全国平均水平,企业缺乏规模优势,竞争力不强。山东省的工业主导产业均为全国产能过剩严重、产能利用率较低的行业,高附加值、高技术密集度的工业行业发展滞后,导致山东省工业企业整体经济效益不佳,营业收入利润率、净资产收益率等重要效益指标低于全国平均水平,资产负债率高于全国平均水平。从企业规模看,山东省规模以上工业企业平均营业收入、利润总额、用工人数等指标均低于全国平均水平,企业平均规模偏小、缺少具有行业领导力的龙头企业是产业竞争力不强的重要表现,作为工业大省的山东省亟须提高工业整体竞争力(见表7)。

表7 2018年山东、广东、江苏及全国规模以上工业企业经济效益对比

	山东	广东	江苏	全国
营业收入利润率/%	5.04	6.02	6.43	6.32
净资产收益率/%	12.17	15.25	14.99	13.46
企业平均营业收入规模/亿元	2.52	2.91	2.89	2.77
企业平均利润总额规模/亿元	0.1271	0.1751	0.1859	0.1753
企业平均用工规模/人	181.6	270.3	202.8	209.9
资产负债率/%	60.86	56.17	52.62	56.53

资料来源:《山东统计年鉴(2019)》《广东统计年鉴(2019)》《江苏统计年鉴(2019)》。

（三）服务业结构和效益

1.服务业行业结构

山东省传统服务业占比大，知识密集型服务业发展水平较低。近年来，山东省服务业增加值高速增长，行业结构也有所优化。但是，传统服务业占比依然过大，以知识密集型服务业为代表的现代服务业发展较为滞后。2018 年，山东省增加值占比最高的三个服务业行业依次为批发和零售业（26.9％）、金融业（10.6％），交通运输、仓储和邮政业（9.5％），如表 8 所示。知识密集度较高的八大类服务业行业占比合计为 45％，大幅落后于广东省（59.5％）、江苏省（58.6％）。根据服务业发展的客观规律，工业化后期阶段金融业，租赁和商务服务业，信息传输、软件和信息技术服务业，科学研究和技术服务业等知识密集度高、经济附加值高的行业成为驱动服务业增长的主导力量，对工业也有很强的带动效应。整体来看，山东省现代服务业的发展层次与广东省、江苏省差距巨大，服务业新业态少，制造业与服务业融合程度低，服务业结构升级任重道远。

表 8　2018 年山东、广东、江苏服务业行业结构对比　　单位：％

	山东	广东	江苏
批发和零售业	26.9	18.8	18.8
金融业	10.6	14.3	15.8
房地产业	9.0	16.0	11.6
租赁和商务服务业	6.8	7.0	9.0
交通运输、仓储和邮政业	9.5	7.5	7.2
信息传输、软件和信息技术服务业	3.3	8.0	6.8
公共管理、社会保障和社会组织	9.0	6.4	6.8
教育	7.1	6.3	6.4
居民服务、修理和其他服务业	3.5	3.2	4.0
卫生和社会工作	3.6	3.9	3.8
住宿和餐饮业	4.8	3.4	3.2
科学研究和技术服务业	3.3	3.2	3.2
文化、体育和娱乐业	1.3	0.9	2.0
水利、环境和公共设施管理业	1.3	1.3	1.4

注：服务业行业结构基于各行业的增加值占比计算，下文中相同。

资料来源：《山东统计年鉴（2019）》《广东统计年鉴（2019）》《江苏统计年鉴（2019）》。

2.服务业企业效益

山东省企业盈利能力弱，经济效益指标全面落后于发达省份。山东省服务业企业存在普遍的低水平、同质化竞争，企业管理水平和创新能力与发达省份有显著差距，导致企业盈利能力较弱，整体竞争力不强。山东省服务业企业的经济效益指标全面落后于发达省份，2018 年规模以上服务业企业的营业收入利润率比广东省低 4.2 个百分点；企业规模偏小，企业平均营业收入规模、利润总额规模分别仅为广东省的 46.4%、34.1%。具体到批发和零售业、金融业、软件和信息技术服务业等几个主要服务业行业，山东省均处于显著劣势地位。尤其是金融业、软件和信息技术服务业等重要的生产性服务业发展水平低①，对其他行业的支撑性和带动性较弱，制约了产业转型升级进程（见表 9 至表 12）。

表 9　2018 年山东、广东规模以上服务业企业经济效益对比

	山东	广东
单位数/个	11903	20290
营业收入/亿元	7376	27122
利润总额/亿元	817.8	4085.6
营业收入利润率/%	10.23	14.43
企业平均营业收入规模/万元	6196.7	13367.2
企业平均利润总额规模/万元	687	2014

资料来源：《山东统计年鉴(2019)》《广东统计年鉴(2019)》。

表 10　2018 年主要省份限额以上批发和零售业企业经济效益对比

限额以上批发业企业					
	山东	广东	江苏	北京	上海
主营业务利润率/%	5.37	5.83	6.93	6.64	7.01
总资产收益率/%	11.26	11.58	16.9	7.96	19.17
企业平均主营营业收入规模/亿元	2.90	3.07	3.60	9.62	15.62
企业平均主营业务利润规模/亿元	0.16	0.18	0.25	0.64	1.09
企业平均用工规模/人	39.21	41.87	33.47	82.76	98.16

① 比如山东省仅有三家企业上榜 2019 年中国互联网企业 100 强榜单，且排名比较靠后。

续表

限额以上批发业企业					
资产负债率/%	78.55	75.35	75.01	70.94	70.19
限额以上零售业企业					
	山东	广东	江苏	北京	上海
主营业务利润率/%	10.55	13.15	11.88	11.16	20.04
总资产收益率/%	17.27	21.41	19.19	17.51	38.05
企业平均主营营业收入规模/亿元	0.91	1.43	1.21	4.09	3.73
企业平均主营业务利润规模/亿元	0.10	0.19	0.14	0.46	0.75
企业平均用工规模/人	67.52	82.20	59.88	159.69	190.15
资产负债率/%	75.69	67.21	65.15	75.97	71.6

数据来源:根据《中国统计年鉴(2019)》计算。

表11　2017年山东、广东、江苏金融业发展程度对比

	山东	广东	江苏
总部设在辖内的银行业金融机构数/家	281	220	170
年末银行业金融机构各项存款余额/万亿元	9.10	19.45	13.48
年末银行业金融机构各项贷款余额/万亿元	7.1	12.6	10.4
商业银行不良贷款率/%	3.0	1.3	1.3
总部设在辖内的证券公司数/家	2	28	6
总部设在辖内的期货公司数/家	3	22	9
总部设在辖内的基金公司数/家	0	32	0
总部设在辖区内的保险公司数/家	5	34	5
原保险保费收入/亿元	2960	4664	3317
全部保险机构保险密度/(元/人)	2736	3854	4312
全部保险机构保险深度/%	3.8	4.8	4.0
年末国内上市公司数/家	196	588	401
年末上市公司市价总值/万亿元	2.12	9.59	4.07
当年国内债券筹资/亿元	4603	4456	7495
当年国内股票(H股)筹资/亿元	0	39	1263
当年国内股票(A股)筹资/亿元	389	979	1451

资料来源:Wind数据库、《中国金融年鉴(2018)》。

表 12　2017 年主要省份软件和信息技术服务业企业经济效益对比

	山东	广东	江苏	浙江	北京	上海
企业个数/家	3741	4414	4903	1669	3026	1497
软件业务收入/亿元	4233.1	9681.2	8936.5	4340.4	7836.7	4342.0
研发经费/亿元	602.2	1315.1	496.5	474.0	841.2	401.2
从业人员数量/万人	51.0	100.0	110.8	37.7	73.9	35.5
企业平均业务收入规模/亿元	1.1	2.2	1.8	2.6	2.6	2.9
企业平均用工规模/人	136.4	226.4	226	226.1	244.3	237.0

资料来源：根据 Wind 数据库计算。

二、发达国家产业结构演进的基本规律

从发达国家产业结构变迁的历史进程看，存在以下基本规律。

第一，三次产业顺序发展，产业内部结构不断演化。发达国家的产业结构演进经历了六个阶段：第一阶段是传统社会，产业结构以农业为主；第二阶段是工业化初期，产业结构以轻工业和劳动密集型产业为主；第三阶段是工业化中期，以重化工业和资本密集型产业为主；第四阶段是工业化后期，服务业占比开始稳步提升；第五阶段是后工业化社会，以技术密集型产业为主；第六阶段是现代化社会，知识密集型产业从服务业分离并占据主导地位。目前发达国家产业结构呈现趋同现象，服务业占比普遍超过 70%，工业占比在 20%—30%，农业占比一般在 2%以下。

第二，产业结构持续高端化，知识密集型产业成为主导产业。受到需求和要素升级的驱动，发达国家的产业结构持续高端化。一是制造业高端化。融合应用先进制造技术与信息技术的先进制造业成为发达国家制造业的中坚力量。发达国家纷纷出台以智能制造为核心的“再工业化”国家战略，促进制造业全面振兴，全面抢占新兴产业的制高点。二是服务业高端化。发达国家知识密集型服务业占服务业的比重一般在 50%左右。20 世纪 70 年代以来，美国产业结构变化最突出的特征就是知识密集型服务业占比大幅上升，商业服务业、卫生保健和社会救助业、金融和保险业、房地产和租赁业、信息业成为占比上升最大的行业（见表 13）。尤其是信息通信技术（ICT）行业占比稳步上升，成为国家竞争力的直接体现。

表 13 1950—2018 年美国国民经济行业结构变化 单位:%

行业	1950 年	1975 年	2000 年	2018 年
农业、林业、渔业和狩猎业	6.8	3.1	1.0	0.8
采掘业	2.6	2.1	1.1	1.7
公用事业	1.7	2.3	1.8	1.6
建筑业	4.7	4.5	4.5	4.1
制造业	27.0	20.6	15.1	11.3
批发贸易	6.4	7.0	6.1	5.9
零售贸易	8.9	7.8	6.7	5.5
运输和仓储业	5.7	3.7	3.0	3.2
信息业	3.0	3.7	4.6	5.2
金融和保险业	2.8	4.5	7.2	7.6
房地产和租赁业	8.7	10.7	12.0	13.3
商业服务业	3.5	5.3	10.8	12.5
教育服务业	0.4	0.7	0.9	1.2
卫生保健和社会救助业	1.6	3.7	5.9	7.5
艺术、娱乐和休闲业	0.6	0.6	1.0	1.1
住宿和餐饮服务业	2.5	2.2	2.8	3.1
其他服务业(政府除外)	2.4	2.4	2.6	2.0
政府	10.7	15.1	12.9	12.4

资料来源:美国经济分析局(BEA)网站。

三、山东省产业转型升级的战略思路及对策建议

(一)战略思路

以高质量发展作为产业转型升级的总体目标。产业规模高速扩张的基础条件已经不复存在,高质量发展指引了产业转型升级的方向,山东省必须紧紧围绕创新驱动发展战略谋划产业转型升级。在高质量发展阶段,产业竞争优势从规模优势向创新优势转变,培育和激发人力资本、产业生态、数据、知识等高

级生产要素是形成产业竞争优势的根本之策;实现产业向价值链上游攀升,从制造环节延伸到研发、设计、营销环节。

以“补短板、固优势、促融合、扩集群”作为产业转型升级的战略路径。一是“补短板”。全面补齐在高技术制造业和生产性服务业方面的短板,以先进制造业和现代服务业为重点构建现代产业体系,以先进制造业为核心使制造业占比基本稳定在28%—30%;尤其是高度重视新一代信息技术产业对抢占未来产业竞争制高点的战略意义,加快新一代信息技术产业前瞻性布局,以应对新科技革命和产业变革的机遇。二是“固优势”。立足于特色优势产业加快新旧动能转换,延长产业链条,提高产业附加值,积极推动传统制造业改造和海洋产业结构优化,进一步提升特色优势产业的竞争力。三是“促融合”。围绕两化融合、三产融合、军民融合提高产业融合发展水平,制定“智能+”战略,以现代服务业带动先进制造业、以先进制造业带动传统制造业,推动产业良性互动和全面升级。四是“扩集群”。把产业集聚化发展作为产业转型升级的重要抓手,以产业集聚化发展构筑全产业链竞争优势,大力提高产业空间集聚水平,打造部分主营业务收入达万亿级的庞大产业集群,形成全产业链的配套能力,快速提升响应能力。

(二)对策建议

1.集中力量重点突破新一代信息技术产业,在大数据、云计算、工业互联网等领域抢占优势

第一,依托浪潮集团打造“中国(浪潮)算谷科技城”,快速打通大数据完整产业链,形成规模可观的大数据产业集群,助力山东省建设成为全球算力新高地。第二,集全省之力培育1—2家新型互联网龙头企业,政府为其提供专门的资金、人才、税收、土地等支持政策,以快速缩小与领先企业的发展差距。第三,做好前沿技术发展趋势的科学研判和超前性、战略性布局,引导企业、高校、科研院所在人工智能、量子科技、虚拟现实、区块链等前沿技术领域展开研究,抢占未来产业竞争先机。

2.提升产业集群化发展水平,打造万亿级现代产业集群

第一,尽快编制培育现代产业集群的专项规划和出台系列支持措施,将产业集聚水平纳入经济社会发展的考核指标。第二,尽快编制山东半岛城市群产业发展专项规划,明确各城市的主体功能和主导产业,重点支持各地优势产业加快发展,以大都市为核心培育产业集群。第三,加快培育龙头企业,将龙头企

业作为打造现代产业集群和打通产业链的抓手，建设一批规模大、实力强、品牌价值高、拥有核心技术和自主知识产权的国际知名企业。第四，推动省内产业梯度转移，在内陆地区建设产业转移园区，加大力度促进山东半岛传统产能向内陆地区转移；建立产业梯度转移行业目录，引导龙头企业将加工制造环节和增资扩产、转型升级项目落在内陆地区，带动产业链集群式梯度转移。

3.以绿色发展为导向加快传统优势产业提质升级，助力传统产业向新兴产业转型

第一，对于化学、能源化工、农副食品加工、重型机械等传统优势产业，加快新旧动能转换进程，以绿色发展为导向提升产业发展的层次和效益，深化绿色制造技术和工业互联网、工业云、大数据等信息技术在传统制造业中的集成应用。第二，推动海洋产业高质量发展，高起点发展以旅游业、现代服务业和高新技术产业为主导的海洋经济，加快发展海洋休闲娱乐、涉海金融等新兴海洋服务业，加快培育海洋生物、海水淡化与综合利用、海洋可再生能源、海洋工程装备等新兴产业。第三，依托军民融合加快传统产业向新兴产业转变，畅通军用技术的产业转化渠道，重点支持军用技术在新材料、高端装备等领域的应用。

4.实施“智能＋”战略和示范工程，全面提升智能制造水平

第一，在重点产业集群建设“智能＋”试点示范项目，根据不同行业特征、发展阶段和现实需求，推广智能生产设备、智能工业软件、智能制造系统，通过“智能＋”推动制造企业向基于智能制造的全要素、全流程、多领域智能协同运营转型，构建起基于工业大数据的竞争优势。第二，大力推动传统产业的“智能＋”改造，加大对产品市场前景好、生产技术先进但信息化建设相对落后的企业的扶持力度，引导其在研究开发、生产管控、运营管理、保障服务、市场开拓等环节逐步实现数字化，以便为后续向“智能＋”转型打好基础。第三，增强“智能＋”转型的支撑服务能力，加强智能制造人才培训，率先建设分行业的国家智能制造大数据中心，大力鼓励服务于制造业的新型基础设施建设。

5.完善现代服务业政策支持体系，重点支持高端生产性服务业

第一，提升现代物流、现代金融、信息服务、电子商务、商业服务等生产性服务领域的专业配套功能，探索优势产业与生产性服务业融合的新模式。第二，建设农副食品、钢铁等优势行业的电子商务平台，提供网上交易、在线支付、数字认证和现代物流等服务。第三，依托产业集群和大型商贸市场，在食品、轻纺、建材等优势行业率先建设一批国际采购中心。

专题三　山东省创新驱动发展现状评价及发展战略研究

科技创新是驱动经济增长和塑造竞争优势的根本动力。作为经济大省，山东省科技创新资源总量丰富，综合创新能力处在全国前列。但是，科技创新效率低下、领军人才匮乏、高新技术企业发展滞后、科研机构和高校竞争力不足、创业孵化资金缺口巨大等问题突出。随着经济持续下行，山东省在区域科技创新竞赛中的优势逐渐丧失，前沿技术和新兴产业布局存在“掉队”风险，亟须通过超常规的战略思路和政策手段落实创新驱动发展战略，为高质量发展奠定基础。

一、山东省科技创新现状评价

（一）综合评价

山东省知识创造和创新绩效是短板，创新效率和创新潜力在全国排名靠后。

《中国区域创新能力评价报告(2019)》从5个维度全面评价了31个省份的创新能力。2019年度山东省创新能力综合排名全国第6位。分领域看，知识创造、知识获取、企业创新、创新环境及创新绩效分别排第13位、第10位、第6位、第6位、第13位，知识创造和创新绩效存在明显短板(见表1)。山东省创新资源总量(实力指标)在全国排名靠前，但创新资源的投入产出比(效率指标)和增长速度(潜力指标)在全国排名靠后，整体创新能力与发达地区有较大差距。报告认为，山东省经济发展基础和企业创新能力较强，但近年来经济放缓趋势明显，转型压力不断加大，山东省创新驱动发展亟待解决领军人才及创新型人才匮乏的问题。

表 1　2019 年度山东省创新能力综合指标全国排名

	综合指标及排名		分项指标排名		
	指标值	排名	实力	效率	潜力
综合值	33.12	6	5	16	23
知识创造综合指标	23.83	13	6	26	26
研究开发投入综合指标	23.33	11	6	14	21
专利综合指标	27.49	15	6	27	29
科研论文综合指标	17.52	18	7	28	15
知识获取综合指标	19.78	10	6	23	21
科技合作综合指标	22.09	16	9	23	15
技术转移综合指标	22.60	6	5	19	20
外资企业投资综合指标	15.92	12	7	12	16
企业创新综合指标	41.41	6	3	12	15
企业研究开发投入综合指标	56.60	4	3	10	14
设计能力综合指标	30.45	6	3	14	12
技术提升能力综合指标	39.81	5	3	22	23
新产品销售收入综合指标	36.68	8	4	13	23
创新环境综合指标	33.84	6	3	21	23
创新基础设施综合指标	35.07	5	3	21	19
市场环境综合指标	32.41	7	7	11	16
劳动者素质综合指标	41.56	4	3	30	18
金融环境综合指标	31.47	7	6	15	16
创业水平综合指标	28.68	6	4	22	27
创新绩效综合指标	38.85	13	6	13	20
宏观经济综合指标	61.36	5	3	8	17
产业结构综合指标	36.80	6	3	17	23
产业国际竞争力综合指标	9.82	23	11	22	26
就业综合指标	27.90	21	26	13	13
可持续发展与环保综合指标	58.38	26	31	8	19

资料来源：《中国区域创新能力评价报告(2019)》。

表1需要注意以下几个问题。

第一，区域创新能力评价体系包括5个一级指标、20个二级指标、40个三级指标和138个四级指标。一级指标包括知识创造、知识获取、企业创新、创新环境和创新绩效。知识创造用来衡量一个地区创造新知识的能力；知识获取用来衡量一个地区利用外部知识及产学研合作的能力；企业创新用来衡量一个地区内企业应用新知识、开发新技术、利用新工艺以及制造新产品的能力；创新环境用来衡量一个地区为技术的产生、流动和应用提供相应环境的能力；创新绩效用来衡量创新对一个地区经济社会发展产生效益的能力。

第二，区域创新能力指标体系被分为实力指标、效率指标和潜力指标。创新实力指一个地区拥有和投入的创新资源，如科技投入水平、科研人员规模、专利数量等；创新效率指一个地区单位投入所产生的效益，如单位科技人员和研发经费投入产生的论文或专利数量；创新潜力指一个地区创新指标的增长速度。

(二)创新投入

山东省R&D人员和经费投入总量大，但投入强度与发达地区有显著差距。

山东省R&D投入总量大，2018年R&D人员和经费投入都居全国第4位，具有一定的规模优势。从R&D人员的学历结构看，山东省博士和硕士占R&D人员比重与广东省、江苏省等发达省份相当，但领军人才匮乏和高层次人才流失的现象严重；从R&D经费的资金来源看，政府资金占比偏低；从R&D经费的资金用途看，基础研究和应用研究占比偏低。但是，山东省R&D投入强度与发达地区有显著差距。每万人中R&D人员数量居全国第8位，约为北京市的1/4、江苏省的1/2；R&D经费占GDP的比重为2.15%，居全国第9位。R&D投入强度还有很大提升空间(见表2和表3)。

表2　2018年主要创新大省(市)及全国R&D人员投入情况对比

	山东	广东	江苏	浙江	北京	上海	全国
R&D人员数量/万人	50.93	102.31	79.41	62.73	39.70	27.12	657.10
每万人中R&D人员数量/人	50.70	90.17	98.64	109.35	184.32	111.89	47.06
研发人员密度全国排名	8	6	5	3	1	2	—
博士占R&D人员比重/%	4.85	3.90	4.86	3.77	19.59	11.26	6.88

续表

	山东	广东	江苏	浙江	北京	上海	全国
硕士占 R&D 人员比重/%	13.05	14.23	12.13	8.57	21.27	16.41	14.85
R&D 人员全时当量/万人年	30.83	76.27	56.03	45.8	26.73	18.81	438.10

资料来源:《中国科技统计年鉴(2019)》《中国统计年鉴(2019)》。

表 3 2018 年主要创新大省(市)及全国 R&D 经费投入情况对比

	山东	广东	江苏	浙江	北京	上海	全国
R&D 经费内部支出/亿元	1643	2705	2504	1446	1871	1359	19678
政府 R&D 经费支出占比/%	8.31	10.64	10.14	7.88	49.21	34.67	20.22
企业 R&D 经费支出占比/%	88.86	87.59	87.13	90.11	44.39	61.77	76.63
R&D 经费投入强度/%	2.15	2.78	2.70	2.57	6.17	4.16	2.14
R&D 经费投入强度全国排名	9	3	4	6	1	2	—
基础研究支出占比/%	2.98	4.26	2.73	2.75	14.85	7.78	5.54
应用研究支出占比/%	6.77	8.52	5.54	4.77	22.07	12.47	11.13
实验开发支出占比/%	90.25	87.22	91.73	92.48	63.08	79.76	83.33

资料来源:《中国科技统计年鉴(2019)》。

(三)创新产出

山东省 R&D 产出排名落后于 R&D 投入排名,创新效率低下。

从创新产出总量看,2018 年山东省发明专利申请数、授权数和有效数均居全国第 6 位,排名落后于 R&D 投入。国内发明专利申请数仅为广东省的1/3,PCT 专利申请量不足广东省的 1/10。SCI、EI 论文收录数量分别居全国第 7 位、第 9 位,基础研究和知识创造能力明显不足。从单位 R&D 投入的产出效率看,每万人 R&D 人员对应的发明专利申请数居全国第 25 位,每亿元 R&D 经费对应的发明专利申请数居全国第 29 位,创新效率低下。每万人发明专利申请数、授权数和有效数等专利密度指标远远落后于发达地区,每万人发明专利申请数居全国第 12 位,不足北京市的 1/7(见表 4)。

表 4　2018 年主要创新大省(市)及全国专利及国际论文情况对比

		山东	广东	江苏	浙江	北京	上海	全国
专利总量	发明专利申请数/万件	7.28	21.65	19.88	14.31	11.77	6.28	139.38
	发明专利授权数/万件	2.03	5.33	4.20	3.26	4.70	2.13	34.60
	发明专利有效数/万件	8.74	24.85	21.24	13.36	24.13	11.50	166.23
	PCT 专利申请量/万件	0.23	2.53	0.55	0.19	0.65	0.25	5.50
专利密度	每万人发明专利申请数/件	7.24	19.08	24.69	24.94	54.63	25.89	9.98
	每万人发明专利申请数排名	12	5	4	3	1	2	—
	每万人 R&D 人员发明专利申请量/件	1429	2116	2503	2281	2964	2314	2121
	每万人 R&D 人员发明专利申请量排名	25	10	4	7	2	6	—
	每亿元 R&D 经费发明专利申请量/件	44.28	80.03	79.38	98.97	62.90	46.17	70.83
	每亿元 R&D 经费发明专利申请量排名	29	8	9	5	15	28	—
国际论文	SCI 论文数量排名	7	4	2	8	1	3	—
	EI 论文数量排名	9	6	2	8	1	3	—
	CPCI-S 论文数量排名	7	5	2	10	1	3	—

资料来源:《中国科技统计年鉴(2019)》《中国统计年鉴(2019)》。

(四)企业创新

山东省企业 R&D 投入总量大,投入强度较高,但开展 R&D 活动的企业占比偏低,创新产出不佳。

作为经济大省,山东省企业 R&D 投入总量巨大,2018 年规模以上工业企业 R&D 人员、R&D 经费投入分别居全国第 4 位、第 3 位,且 R&D 经费投入强度与广东省、江苏省等发达省份大致相当,工业企业创新活动整体在全国处于第二梯队。但是,山东省开展 R&D 活动的工业企业占比低于全国平均水平,大量中小型工业企业不具备 R&D 能力;新产品销售收入占比、企业有效发明专利数、高技术产品出口额等创新产出指标大幅落后于发达省份，甚至低于全国平均水平，创新产出不佳。山东省高新技术企业数量和效益也远低于发达省份，“新经济”发育程度低（见表 5 和表 6）。

表 5　2018 年主要创新大省（市）及全国规模以上工业企业研发情况对比

		山东	广东	江苏	浙江	北京	上海	全国
研发活动开展	有研发机构的企业数/个	2734	19397	20298	10141	483	575	72607
	有研发机构的企业占比/%	7.13	40.87	44.44	24.99	15.11	7.07	19.19
	有 R&D 活动的企业数/个	7984	16570	19669	16505	1127	2174	104820
	有 R&D 活动的企业占比/%	20.83	34.92	43.06	40.67	35.25	26.74	27.70
研发人员投入	R&D 人员数量/万人	38.84	80.64	62.34	51.35	6.91	12.06	426.12
	R&D 人员全时当量/万人年	23.65	62.20	45.55	39.41	4.69	8.80	298.12
	每万人从业人员中 R&D 人员数量/人	558.05	628.75	673.19	786.80	770.29	626.50	536.52
研发经费投入	R&D 经费内部支出/亿元	1418	2107	2025	1147	274	555	12955
	R&D 经费投入强度/%	1.53	1.55	1.58	1.67	1.28	1.44	1.27
创办研发机构	企业办研发机构数量/个	4087	21740	22469	10769	572	628	83115
	企业办研发机构人员/万人	19.23	92.68	59.99	38.05	4.05	6.47	318.28
	企业办机构经费支出/亿元	679	3195	1842	995	194	441	10321
研发产出	新产品销售收入/亿元	15247	39376	28425	23308	4137	9797	197094
	新产品销售收入占比/%	16.45	29.03	22.19	33.95	19.30	25.48	19.28
	有效发明专利数/万件	6.35	32.85	17.61	6.23	4.29	4.79	109.42
	高技术产品出口额/亿美元	152	2326	1524	211	150	865	7430
	高技术产品出口额占出口总额比重/%	9.47	35.98	37.71	6.57	20.29	41.74	29.88

资料来源：《中国科技统计年鉴（2019）》《中国统计年鉴（2019）》。

表 6　2018 年主要创新大省(市)高新技术企业情况对比

	山东	广东	江苏	浙江	北京	上海
在统企业数/个	6217	32718	13661	9047	16267	7494
年末从业人员/万人	155.8	589.8	308.5	232.8	214.6	148.6
营业收入/亿元	18727	59201	36204	24616	27417	23374
工业总产值/亿元	16975	47803	33550	20120	7168	12552
净利润/亿元	1311	4502	2660	2996	2052	2002
R&D 经费内部支出/亿元	460.6	2204.0	1026.5	779.5	758.5	656.0
净利率/%	7.00	7.60	7.35	12.17	7.48	8.56
R&D 经费投入强度/%	2.46	3.72	2.84	3.17	2.77	2.81

资料来源:Wind 数据库。

(五)研发机构和高等学校创新

山东省 R&D 投入规模与经济总量不匹配,知识创造能力较弱,成为创新体系的短板。

研发机构和高等学校是山东省创新体系中相对薄弱的环节(见表 7)。尽管山东省研发机构和高校数量庞大(分别居全国第 2 位和第 3 位),但 R&D 投入多、研究实力强的单位很少,整体竞争力较弱。从 R&D 投入看,2018 年研发机构 R&D 人员、经费投入总量分别居全国第 7 位、第 10 位,高校 R&D 人员、经费投入总量分别居全国第 6 位、第 10 位,与山东省经济总量严重不匹配。研发机构和高校数量多、R&D 投入总量少,导致 R&D 投入高度分散,单个研发机构和高校的 R&D 经费投入分别居全国第 16 位、第 14 位。从 R&D 产出看,研发机构和高校发表的科技论文数分别居全国第 5 位、第 8 位,发明专利申请量分别居全国第 9 位、第 7 位,单个研发机构和高校的平均 R&D 产出排名靠后。

表 7　2018 年主要创新大省(市)及全国研发机构和高等学校科技创新情况对比

研发机构								
		山东	广东	江苏	浙江	北京	上海	全国
主体情况	机构数/个	189	182	130	97	382	128	3306

续表

研发机构								
		山东	广东	江苏	浙江	北京	上海	全国
研发人员投入	R&D人员数量/万人	1.52	1.82	2.88	1.04	12.11	3.25	46.43
	博士占R&D人员比重/%	21.27	21.58	15.53	18.22	29.9	19.35	18.31
研发经费投入	R&D经费内部支出/亿元	60.4	88.4	169.1	47.4	828.3	347.6	2698.4
	R&D经费内部支出排名	10	7	5	13	1	2	—
	单个机构R&D经费/亿元	0.32	0.49	1.3	0.49	2.17	2.72	0.82
	单个机构R&D经费排名	16	13	6	12	3	1	—
研发成果	发表科技论文数量/篇	7583	8437	10279	5384	58671	10281	176003
	发明专利申请数/件	1856	2694	3236	1434	13681	3842	47740
	专利所有权转让及许可数/件	83	86	98	107	745	338	1959
	形成国家或行业标准数/项	268	294	215	92	1696	322	4299
高等学校								
		山东	广东	江苏	浙江	北京	上海	全国
主体情况	高等学校数/个	145	152	167	108	92	64	2663
研发人员投入	R&D人员数量/万人	5.39	6.85	6.93	5.78	8.59	5.29	98.43
	博士占R&D人员比重/%	29.32	34.58	36.22	31.37	44.15	41.85	31.60
研发经费投入	R&D经费内部支出/亿元	56.0	153.1	126.4	72.4	215.5	124.9	1457.9
	R&D经费内部支出排名	10	2	3	5	1	4	—
	单个高校R&D经费/亿元	0.39	1.01	0.76	0.67	2.34	1.95	0.55
	单个高校R&D经费排名	14	4	5	6	1	2	—
研发成果	发表科技论文数量/篇	70759	103628	131706	55370	129562	89017	1389912
	发明专利申请数/件	10152	15864	30115	14200	14550	10147	191964
	专利所有权转让及许可数/件	176	261	1697	716	514	332	6265
	形成国家或行业标准数/项	20	43	74	18	98	10	766

资料来源:《中国科技统计年鉴(2019)》。

（六）创业孵化

山东省创业孵化主体众多，但服务水平较低，风险投资缺口巨大。

近年来山东省科技企业孵化器和众创空间飞速发展，2018年科技企业孵化器及在孵企业数量均居全国第3位，众创空间及服务团队数量分别居全国第4位、第3位，大量处于初创期的科技企业或团队通过孵化器、众创空间的服务实现快速成长。但是，创业孵化存在服务内容单一、服务层次较低的问题，风险投资规模过小严重制约了创业孵化。2018年，山东省科技企业孵化器在孵企业获得的风险投资总额仅占全国的2.1%，居全国第10位，不及广东省的1/10；众创空间所服务团队获得的投资总额仅占全国的1.4%，居全国第12位，不及广东省的1/8，单个团队获得投资额居全国第20位（见表8）。

表8　2018年主要创新大省（市）及全国科技企业孵化器及众创空间情况对比

科技企业孵化器							
	山东	广东	江苏	浙江	北京	上海	全国
在统孵化器数量/个	378	962	695	321	152	180	4849
在孵企业/万个	1.68	3.09	3.14	1.57	0.96	0.87	20.60
当年获得风险投资额/亿元	12.96	134.72	94.08	43.72	128.56	94.10	629.80
当年获得风险投资额排名	10	1	4	5	2	3	—
众创空间							
	山东	广东	江苏	浙江	北京	上海	全国
众创空间数量/个	580	716	699	622	147	152	6959
当年服务的团队数/万个	3.10	3.25	2.85	2.98	4.00	1.14	40.85
享受财政资金支持额/亿元	1.91	3.04	4.72	3.84	1.56	2.27	33.59
当年获得投资的团队数/个	1125	1905	1578	2425	1181	695	19045
当年获得投资总额/亿元	10.93	90.87	32.21	45.14	349.10	85.25	789.80
当年获得投资总额排名	12	2	6	4	1	3	—
单个团队获得投资额/万元	97	477	204	186	2956	1227	415
单个团队获得投资额排名	20	3	9	11	1	2	—

资料来源：《中国科技统计年鉴（2019）》。

（七）技术市场

山东省技术流入大于技术输出，重大技术交易少，国外技术引进不活跃。

山东省处于国内技术净流入的状态。2018 年技术输出合同金额占全国的 4.6%，居全国第 8 位；而技术流入合同金额居全国第 4 位，购买国内技术的净支出为 119 亿元。虽然技术交易合同数量可观，但是单位合同金额偏小，技术输出合同和技术流入合同的单位金额分别居全国第 23 位、第 29 位，重大技术交易很少，技术含金量不高。国外技术引进合同金额仅占全国的 3.3%，居全国第 9 位，国外技术引进不活跃。

二、增强区域科技创新能力的一般思路

科技创新是一个涉及多主体、多要素的庞大而复杂的系统工程，创新系统主要包括三大要素（人力资本、知识资本和货币资本）和三大组织主体（企业、科研院所、高等学校）及两大微观主体（科学家、企业家），创新强国围绕科技创新生态系统形成三大类制度设计。

一是增强创新要素供给的制度设计。增加要素供给既可以通过集聚效应发挥创新的外部性，又可以提高创新资源的可获得性，为科技创新活动提供基础能力保障。具体措施包括通过教育改革增加人力资本供给，通过基础研究投入增加知识资本供给，通过完善创新融资环境增加货币资本供给等。

二是增强创新微观主体激励的制度设计。强化对科学家和企业家的激励是激活创新要素的关键，能为科技创新活动提供基础动力保障。具体包括深化科技体制改革、激发企业家精神、推进知识产权保护和营造创新文化等。

三是促进创新要素和创新微观主体协同的制度设计。产学研一体化是推进协同创新和实现创新驱动的核心问题，产学研一体化的基本目标是加快知识和信息在不同创新主体间的流动，将研发活动的科技成果应用到生产开发和市场开发中，实现科技成果的产业化。不同创新要素和创新微观主体的有机协同能缩短创新周期，提高整个创新生态系统的运行效率。具体包括完善国家创新系统、探索产学研一体化新模式等。

三、山东省创新驱动发展的战略思路及对策建议

（一）战略思路

山东省科技创新资源总量大、科技创新主体多、教育实力强、产业体系健

全，构成创新驱动的有利因素，但也面临领军人才匮乏和高层次人才流失、创新效率低下、高新技术产业发展滞后等严峻挑战。根据山东省科技创新现状和发达地区的经验，山东省创新驱动发展的中长期战略思路如下。

第一，突出两个重点，狠抓科技成果转化。实施创新驱动发展战略应一手抓科技创新，一手抓科技成果转化。科技创新的表现形式为科学发现和技术发明，工作的关键点在于创新要素的集聚和创新主体的激励；科技成果转化的表现形式为利用科技成果推动产业发展，工作的关键点在于推进产学研一体化和完善创新生态。二者相辅相成、互相促进，共同服务于创新驱动大局。目前山东省科技创新与发达省份差距巨大，科技成果转化可成为山东省参与新经济竞争的重要机遇和发力点。山东省应将科技成果转化视为重中之重，畅通科技创新和产业发展的联系，形成以科技创新带动产业发展、以产业发展拉动科技创新的良性循环。

第二，坚持“双轮驱动”。在准确把握自身发展阶段和创新规律的基础上，重点补齐短板，形成多方合力。一是基础研究和应用开发的“双轮驱动”。在注重以企业为主体的应用开发的同时，也不能忽略以高等学校和科研院所为主体的基础研究。山东省在知识创造和知识获取方面存在明显短板，需要重点增强基础研究主体的创新能力和创新动力，打造科学强省。二是跟随创新与引领创新的“双轮驱动”。根据不同行业的全球地位采取不同战略，鼓励远离世界技术前沿的行业采用跟随创新，加速技术学习与积累；鼓励接近世界技术前沿的行业采用引领创新，加速形成原始创新能力。目前绝大多数行业还处于“跟跑”阶段，需要着力推动企业跟随创新，创造有利于技术引进、消化、吸收和再创新的良好条件。但同时要认识到，实现从“跟跑”向“并跑”“领跑”跨越，本质上要培育原始创新能力，这是打造具有全球竞争力的现代产业体系的必然要求和长期使命。三是外部引进与内生培育的“双轮驱动”。本地高层次人才匮乏、前沿创新不足导致大量产业瓶颈在短期内难以突破。可以通过强化外部合作的方式大力引进领军人才和全球科技创新成果以补齐创新短板，积极打造全球科技成果转化的高地；同时，加快本地高等教育建设和改善创新环境，通过内生培育加速人力资本积累和技术积累。

（二）对策建议

1.千方百计吸引人才集聚，深入实施“人才强省”战略

第一，济南、青岛等中心城市全面学习深圳、广州等城市的人才政策体系，

系统推进高层次人才引进工作，增加人才引进的财政投入，创新人才引进工作机制，大胆突破高层次人才的工资总额限制。第二，率先改革理工科人才培养体制，瞄准高端理工科人才短缺的“瓶颈”，根据产业需求及时调整教育资源投入方向，构建由企业、职业技术学校、研究型大学和社会服务机构共同组成的灵活、高效的终身学习体系。第三，全面营造尊重人才的社会环境，加强对杰出科技人才的宣传，营造“追求成功、崇尚创新”的社会氛围；倡导平等、合作的组织文化，破除“官本位”的主导思维；对作出重大贡献的人才授予荣誉勋章，加强精神激励。

2.重点扶持风险投资发育，完善多层次的研发投入支持体系

第一，大幅增加财政科技资金投入，提高政府资金在全社会研发资金中的比重，尤其加强对科研机构、高校的研发支持；扩大财政出资的风险投资基金规模，由政府委托专业风险投资机构运营，主动作为，瞄准世界前沿技术并推动其在山东省转化与落地。第二，大力吸引市场化风险投资机构入驻，推动创投基金与孵化器、众创空间合作，为初创科技企业提供全面支持。第三，完善多层次资本市场，通过金融创新推动科技与金融深度结合，开展科技企业融资投贷结合、信用贷款债权转股权试点；探索和推广知识产权质押融资、专利保险、专利许可费收益权证券化等新型融资方式。

3.积极引进外部科技成果，强化科技创新的国际合作

第一，强化与北京、上海等高校和科研机构众多、基础研究实力强劲的地区间的合作，对接京津冀和长三角的科技资源，给予最优惠政策，鼓励科技成果在山东省进行产业转化。第二，成立专门机构面向全球获取创新资源和创新成果，对世界前沿技术的成果转化项目给予“一事一议”的特殊支持。第三，加大力度吸引行业领军企业来鲁进行技术转移和成果转化，依托旗舰项目促进创新资源集聚和产业链成长。第四，鼓励企业加强国际合作，支持企业、机构在发达国家和独联体国家合作设立研发中心，支持企业海外并购技术实力雄厚的外国公司。

4.推动产学研一体化探索，完善区域创新生态

第一，探索多种形式的成果转化方式，重点支持科技成果作价投资等股权激励转化方式，保障股权激励落地。第二，扶持集研究、开发与产业转化于一体的新型研发机构成长，鼓励事业性质的科研院所采取以市场为导向的企业化运营方式进行内部孵化，鼓励社会资金创办民办非企业单位性质的科研机构开展研发活动。第三，扶持产学研资联盟等行业专业协会发育，支持行业领军企业牵头组建产业技术创新联盟、产业共性技术研发基地和产学研协同创新基地，

带动整个行业的产学研合作。第四，支持技术转移、知识产权咨询等科技中介服务机构成长，综合运用示范基地建设、政府购买服务等手段引导科技中介服务机构做精做专、做大做强。

5.搭建科技资源高度共享的公共服务平台，率先打造知识基础设施

第一，建立公共知识平台，除涉及重大机密和国家安全外，将公共财政资助的科研项目成果和知识产权信息共享至平台，对各类社会机构开放，挖掘有产业化前景的科技成果；社会机构可在平台发布技术需求信息，推动技术供给和需求的匹配。第二，建立公共技术平台，政府购买部分影响大、受益广的共性技术知识产权授权企业使用，实行知识产权共享。第三，建立公共产业平台，聚焦战略性、引领性、基础性需求，建成一批高水平制造业创新中心和产业大数据公共平台，强化产业共性技术的支撑能力。

专题四 山东半岛城市群发展战略研究及对策建议

随着工业化和城镇化进程的深入推进，城市群已经成为我国经济发展的核心增长极和最具创新活力的区域，是拓展发展空间、释放发展潜力的主要载体，以城市群为主体形态的区域经济发展是未来的基本趋势。山东省迫切需要加速推进城市群建设，打造区域经济增长极，提升整体竞争力，避免在城市群竞争和国家区域大战略中陷入“被边缘化”的处境。

一、城市群建设上升为国家区域协调发展战略的核心抓手

“十三五”规划首次提出以城市群为主体形态，加快新型城镇化步伐，重点强化城市群对于集聚要素、辐射周边、统筹城乡的功能。党的十九大进一步提出，以城市群为主体构建大中小城市和小城镇协调发展的城镇格局，城市群不仅在空间形态上作为主体，而且在规划、建设、治理等各方面都将在推进新型城镇化进程中占据主体地位，城市群建设进入加速阶段。2019 年中央财经委员会第五次会议强调：“中心城市和城市群正在成为承载发展要素的主要空间形式。新形势下促进区域协调发展……要增强中心城市和城市群等经济发展优势区域的经济和人口承载能力。”中央对城市群建设高度重视和寄予厚望，将其视为国家区域协调发展战略的核心抓手。从经济发展规律和宏观政策转型的视角看，加速推进城市群建设存在着必然逻辑。

（一）规模经济效应推动要素和产业向城市群集聚，城市群成为区域经济增长极

城市群崛起是经济发展到一定阶段的重要标志。由于经济活动具有正外部性和规模经济效应，要素和产业存在向小范围地理空间集聚的倾向。世界银

行的报告指出，集聚是经济增长的重要特征，全球半数的生产活动位于1.5%的陆地区域。[①] 联合国人居署发布的《2016年世界城市状况报告》也指出，全球人口呈现向大城市集中的趋势，目前排名前600位的主要城市中居住着1/5的世界人口，对全球GDP的贡献率高达60%。随着城市化进程加速，核心城市由于“虹吸效应”出现过度集聚，产生严重的“大城市病”，集聚的规模效应减弱。此时，要素和产业超越单一城市单元，在更大空间范围内集聚，核心城市与周边城市在分工与协作的基础上形成具有密切联系的整体功能区域，即城市群。城市群是一种高级空间组织形态，集聚产生的规模效应使城市群成为区域经济增长极和创新源地。目前我国人口和经济加速向城市群集聚，并且这种趋势将长期持续，深刻改变了全国的经济空间格局。2018年，我国19个城市群以25%的国土面积集聚了75%的人口和88%的GDP，仅长三角、珠三角、京津冀三大城市群就以5%的国土面积集聚了23.6%的人口和38.1%的GDP。加速推进城市群建设，是把握经济发展空间集聚规律的客观要求。

（二）一体化优势提高区域整体竞争力，城市群成为多功能的空间载体

在集聚的基础上，城市群能产生“1+1>2”的一体化优势。这主要是因为在一定区域内不同层级的城市依托发达的交通、通信等基础设施网络，形成空间组织紧凑、经济联系紧密并最终实现高度一体化的有机城市群体，城市之间的行政壁垒被打破，从“恶性竞争”走向“抱团取暖”。一体化优势的首要表现是要素可以在城市群内部自由流动和合理配置，从而提高区域的资源配置效率和整体竞争力。成熟的城市群具备城市功能互补、产业错位布局、公共服务共建共享、政策协同一致等基本特征，并作为一个整体参与国内、国际竞争与合作，成为支撑区域高质量发展、促进区域协调发展和提升国际竞争力的空间载体。从全球主要城市群的发展规律来看，其一体化趋势显著提高了区域的创新能力，缩小了区域发展差距，为巩固和提升全球竞争力打下了坚实基础。我国需要依托培育国家级和世界级城市群，塑造全方位对外开放的竞争优势。

（三）政府职能和政策导向持续转型，以城市群建设为核心抓手的区域政策越来越重要

传统产业政策的抓手减少，区域政策地位提高。党的十八届三中全会明确

---

① 世界银行.2009年世界发展报告：重塑世界经济地理[R].华盛顿，2009.

提出“要紧紧围绕使市场在资源配置中起决定性作用，深化经济体制改革”，政府职能转型加速推进，客观上要求政策导向从干预型向竞争型转变。此外，我国传统产业政策体系受到欧美国家的诟病，并成为美国发动贸易冲突的重要依据。这些因素促使我国的产业政策体系越来越多地引入功能性产业政策，并越来越关注竞争政策，政府直接投资、财政补贴等传统产业政策的抓手逐步退出。与此同时，出于矫正市场失灵和促进区域协调发展的需要，区域政策在国家宏观调控中的地位大幅提高，政府通过一系列区域政策发挥其经济职能。

城市群建设是区域政策的核心抓手。城市群化代表经济发展的客观规律和基本趋势，城市群建设在区域政策中具有特殊性。一是城市群建设具有空间战略导向性，国家通过城市群战略规划明确我国经济空间布局的战略重心，引导要素和产业集聚，促进各区域合理有序发展，产生巨大的经济社会效益；二是城市群建设具有综合性和系统性，是统揽空间、市场、产业、科技创新、基础设施、公共服务、社会治理、生态环境等各领域的一揽子工程，能发挥“牵一发而动全身”的撬动效应。因此，中央将城市群建设作为有力的政策抓手，提出建立以中心城市引领城市群发展、城市群带动区域发展新模式，陆续出台京津冀协同发展、粤港澳大湾区建设、长三角一体化发展等国家战略，将城市群建设提升到前所未有的战略高度。

二、加速推进山东半岛城市群建设刻不容缓

目前山东省面临区域发展的“孤岛”困局，亟须通过加速城市群建设打造经济增长极，提升在全国经济空间格局中的竞争力。山东半岛城市群具备良好的基础和条件，为山东省主动融入国家重大战略布局、全面对接国家区域协调发展战略提供了有力手段。

（一）加速推进山东半岛城市群建设是山东省破解区域发展的“孤岛”困局、打造区域经济增长极的必然要求

随着经济增速持续下行，山东省在全国经济版图中的地位呈下降趋势。2019年山东省GDP总量占全国的比重仅为7.17%，较峰值下降了2.81个百分点；人均GDP则下滑至全国各省（区、市）的第10位，这是1987年以来山东省人均GDP首次低于全国平均水平。随着领先地区转型升级步伐加快和中西部地区新增长极迅速崛起，山东省在区域经济竞争中需要面对“前后夹击”的严峻局面，与领先地区的发展差距不断拉大，与后发地区的发展差距不断缩小，对

全国经济增长的贡献下滑。

近年来，全国城市群迅速发展，长三角、珠三角、京津冀等城市群向世界级城市群发起冲击，成渝、中原、长江中游等城市群成长为国家级城市群，涌现出一大批新的区域经济增长极。山东省北有京津冀城市群，南有长三角城市群，西有中原城市群，面临“三面围堵”的“孤岛”困局。如果山东半岛城市群建设滞后，在周边三大城市群强大的集聚效应下，山东省的要素和产业将加速流向成熟城市群，山东将进一步丧失在区域经济竞争中的主动权。2017—2019 年，山东省已经连续三年出现人口净流出现象，2019 年人口净流出数量在各省份中居于首位，这在东部经济大省并不常见，需要引起高度警惕。

山东省迫切需要通过加速城市群建设打造区域经济增长极。面对“前后夹击、三面围堵”的严峻局面，山东省的唯一出路是将自身打造为区域经济增长极，做大做强山东半岛城市群，推动省内城市从单打独斗走向协调发展，实现“抱团取暖、携手共进”，共同参与区域经济竞争。依托城市群的规模效应和一体化优势，山东省能更好地集聚和配置优势要素，形成产业集群和创新高地，应对要素和产业向领先地区转移的不利形势。在中心城市和城市群的带动下，山东省经济增长动能将显著增强，有望减缓甚至扭转经济下行的趋势，并成为引领北方地区经济增长的核心区域。

（二）加速推进山东半岛城市群建设是山东省发挥区域比较优势、提升区域竞争力的积极举措

山东省具备打造强大城市群的有利条件。从综合实力、区位条件、城镇布局和协调成本看，山东半岛城市群在全国 19 个城市群中具有显著的区域比较优势。第一，综合实力强劲。由于发展起步早、产业基础好、产业体系健全，山东半岛城市群综合实力在全国城市群中居于前列，GDP 居第 5 位，常住人口居第 4 位，人均 GDP 居于中上游水平（见表 1），市场空间和发展前景非常广阔，规模效应突出，是黄河流域乃至北方地区的经济龙头。第二，区位条件优越。山东半岛城市群贯通南北，是连接京津冀和长三角两大增长极的关键节点，在实现南北联动发展上发挥着至关重要的作用；陆海兼备，是“一带”与“一路”的交汇点和面向东北亚开放的重要窗口，以此为节点可构建东联日韩、西接欧亚大陆的东西互联互通大通道，形成“陆海并进、东西双向”的开放新格局。第三，城镇布局合理。山东半岛城市群大中小城市和小城镇密集，城镇化率稳步提高，尤其是以县域为代表的小城市发展良好，构成了城市群发育的基本骨架。第

四，协调成本较低。由于城市群是跨行政区域的空间形态，需由上一级政府出面规划和协调，以消除行政壁垒和恶性竞争，促进城市间的合作。与其他大型城市群相比，山东半岛城市群处于同一省份的行政管辖范围内，容易通过山东省政府的协调快速推进一体化发展。

表 1　2018 年全国 19 个城市群基本情况比较

城市群	常住人口/万人	人口占全国比重/%	城镇化率/%	GDP/万亿元	GDP 占全国比重/%	人均 GDP/元	科技创新发展指数
长三角城市群	15401	11.00	68.60	17.7	19.70	115997	0.648
京津冀城市群	11270	8.10	65.40	8.4	9.30	74373	0.412
长江中游城市群	12677	9.10	60.90	8.3	9.20	65630	0.335
珠三角城市群	6301	4.50	85.30	8.1	9.00	128625	0.541
山东半岛城市群	10047	7.20	56.70	6.6	7.30	66336	0.231
成渝城市群	10015	7.20	53.80	5.8	6.40	57426	0.312
海峡西岸城市群	5951	4.30	64.90	4.2	4.70	70735	0.255
中原城市群	6905	4.90	49.70	3.8	4.20	54946	0.292
哈长城市群	4625	3.30	58.80	2.7	3.00	59072	0.192
辽中南城市群	3054	2.20	58.60	2.2	2.40	72082	0.334
北部湾城市群	4211	3.00	50.40	2.1	2.30	50532	0.229
关中平原城市群	4038	2.90	58.50	1.8	2.00	44577	0.358
呼包鄂榆城市群	1151	0.80	69.90	1.5	1.70	130321	0.197
黔中城市群	2702	1.90	51.70	1.2	1.30	44412	0.179
滇中城市群	2270	1.60	47.90	1.1	1.20	48458	0.228
山西中部城市群	1627	1.20	60.40	0.9	1.00	52243	0.214
兰州—西宁城市群	1526	1.10	59.30	0.6	0.70	38008	0.302
天山北坡城市群	692	0.50	50.60	0.6	0.70	82370	0.106
宁夏沿黄城市群	564	0.40	61.40	0.4	0.40	62057	0.289

注：1.山东半岛城市群涵盖了全省 16 个地级市。

2.科技创新发展指数来自首都科技发展战略研究院、中国社会科学院城市与竞争力研究中心联合发布的《中国城市科技创新发展指数(2019)》。

资料来源：根据各地统计年鉴整理计算。

目前山东半岛城市群在全国的影响力较弱，区域比较优势未得到充分挖掘。山东半岛城市群面临中心城市的辐射带动能力不强、产业同质化发展严重、城市功能分工和发展定位不明确、城市间空间联系和一体化水平不高、区域协调发展体制机制不健全等突出问题。根据城市群发展的一般规律，山东半岛城市群处于第二个阶段——快速发育期，与长三角、珠三角城市群有巨大差距。山东省可以积极发掘自身的比较优势，通过加速推进山东半岛城市群建设提升区域整体竞争力。

（三）加速推进山东半岛城市群建设是山东省融入国家区域协调发展战略、统筹区域经济社会发展的有力手段

山东省在国家区域大战略中面临“被边缘化”的处境，应主动创造条件融入国家区域协调发展战略。一直以来，山东省属于国家区域大战略的“真空”地带，新时期“五大战略”（“一带一路”建设、京津冀协同发展、长江经济带发展、粤港澳大湾区建设、长三角一体化发展）都未能有效覆盖山东省，导致山东省在国家区域格局中缺乏明确的功能定位和战略认同，也缺乏相应的国家政策支持，成为区域政策的“贫地”。“被边缘化”进一步导致山东省在全国范围内的社会和市场关注度低，不利于吸引要素和产业集聚。山东应通过加速推进山东半岛城市群建设谋取主动融入国家区域协调发展战略，积极争取提高在国家区域大战略中的相对地位。

城市群建设是山东省统筹区域经济社会发展的优势政策抓手。目前山东省迫切需要寻找破解发展困局、激发新动能的政策抓手，大量传统政策抓手因不符合发展新理念而逐步退出，政府普遍面临“不知如何作为”的窘境。在各类政策抓手中，山东半岛城市群一体化发展涵盖了政策一体化、市场一体化、产业一体化、城乡一体化、基础设施一体化、公共服务一体化、生态环境一体化等多个维度，是统筹全省经济社会各领域发展的一揽子政策工具的集合，政策手段充足，预期政策效果显著，可以作为统揽全局的系统性工程来重点推进。

三、加速推进山东半岛城市群建设的战略思路及对策建议

（一）战略思路

鉴于加速推进山东半岛城市群建设对全省经济社会发展的重大战略意义，山东省各级党委、政府必须统一认识，高度重视城市群建设，围绕打造具有全球

影响力的山东半岛城市群的总体目标实施重大战略举措。

山东半岛城市群的战略定位包括引领北方发展的重要增长极、全国先进制造业重要基地、面向东北亚开放的新高地、乡村振兴和城乡融合发展先行区、陆海统筹和蓝色生态发展示范区。

山东半岛城市群的基本导向是一体化发展，即通过创新和完善区域治理体系和协同发展机制，消除影响要素流动、资源配置的行政壁垒，构建优势互补、分工合理、包容共进的一体化发展格局，率先实现高质量发展和现代化建设目标。

山东半岛城市群的发展路径是“以核带圈、扩圈组群”。把握城市群发展的阶段性规律，首先做大做强济南、青岛两大中心城市；其次围绕“一小时通勤圈”建设济南都市圈、青岛都市圈，以都市圈为基础优先推进省会经济圈、胶东经济圈建设；最后由三大经济圈整合为一体化的山东半岛城市群。

（二）对策建议

1.强化组织保障和协调机制，建立高规格的工作领导小组和综合议事平台

城市群一体化发展的组织协调极其复杂，需要强有力的组织和机制保障。第一，成立山东半岛城市群一体化发展工作领导小组，由省委书记担任组长、省长担任副组长，负责指导编制一体化发展的重大规划和战略举措，统筹协调一体化发展的重大事项，督促检查和考核重要工作的落实情况，等等。第二，搭建山东半岛城市群一体化发展综合议事平台，推行定期联席会议制度，由省工作领导小组办公室牵头，各地市党委、政府主要领导依托综合议事平台共同协商区域合作重大事项、利益分割和纠纷解决。第三，成立山东半岛城市群一体化发展顾问咨询委员会，吸收高端智库、专家学者参加建言献策，提供科学决策支撑。

2.以规划先行解决区域合作基础问题，引领城市群一体化科学发展

城市群一体化发展需要一体化规划，一体化规划是解决区域合作基础问题的头等大事。第一，集中力量编制山东半岛城市群一体化发展的规划体系。以前瞻性和战略性为指导原则，在一张蓝图上编制山东半岛城市群一体化发展的总体规划和国土空间、产业布局、基础设施、公共服务、资源环境等领域的专项规划，形成具有前瞻性、战略性眼光的统一规划体系，为区域合作搭建基本框架。第二，增强规划的强制性与约束力，将规划执行纳入各级政府的绩效考核体系，避免规划成为“一纸空文”。

3.加快基础设施互联互通,超前打造“高铁上的城市群”

基础设施互联互通是要素跨区域自由流动的必要条件,也是优化区域空间格局的有效手段,必须超前布局基础设施建设,发挥基础设施对一体化发展的支撑作用。第一,打造“高铁上的城市群”。高标准推进“市市通高铁”,及早谋划原250km/h高铁线路升格改建,尽快启动并全速推进“县县通高铁”战略,加密山东半岛城市群高铁格网,扩大“一小时通勤圈”的覆盖范围。第二,完善多式联运及服务能级。打造全国一流的综合性智能驾驶和智慧交通创新试验示范基地,加快突破城际铁路与城市交通的无缝衔接,探索“高地联运”。第三,以超常规手段推进新型基础设施建设。加大政府对5G网络、工业互联网、综合数据中心等新型基础设施的支持力度,提升城市群内部信息资源互通率和共享性。

4.推进产业跨区域分工协作,培育现代化产业集群

城市群一体化发展需要构建基于比较优势、实现合理分工、促进良性竞合的区域产业体系,推动形成现代化产业集群。第一,尽快编制山东半岛城市群产业发展专项规划。明确各城市的主体功能和主导产业,重点支持各地优势产业加快发展,以大都市为核心培育产业集群;引导城市间专业分工、错位竞争,避免出现产业同构、重复建设的情况,优化产业空间布局。第二,搭建跨区域产业协作平台载体,推进产业转移和承接。鼓励毗邻城市成立园区合作联盟,以联合出资、项目合作、资源互补、技术支持等多种方式共建跨区域产业园区和招商引资平台,依托龙头企业联动两地的产业链、供应链、价值链。第三,探索产业协作利益分配机制。跨区域产业项目收益由合作各方分享,研究制定企业注册地和投资地之间税收分成的指导方案,支持“飞地经济”发展。

5.推动要素市场一体化,搭建综合性投融资平台

城市群一体化发展需要消除行政壁垒对要素自由流动的限制,加快建设统一开放的要素市场。第一,依托综合性投融资平台设立山东半岛城市群一体化发展投资基金。由财政、金融机构和社会资本联合出资设立投资基金,多方共同参与运营管理,统筹投资城市群跨区域产业园区、重大产业项目、大型基础设施、公共服务平台、生态环境治理等领域。第二,尽快消除城乡、城市间的户籍壁垒。支持济南、青岛市全面放宽落户条件,取消对重点群体的落户限制,推动人才交流互动。第三,搭建科技创新资源开放共享平台。建设山东半岛城市群创新共同体,全面实现国家和省级重点实验室、工程实验室、工程(技术)研究中心、中试基地等创新平台开放共享。

6.营造高品质的宜居环境，吸引人才集聚

吸引人才集聚的能力是城市群竞争力的重要体现，山东需要全方位营造高品质的宜居环境。第一，推动公共服务的高水平供给和便利共享。着力推进教育资源的均衡配置，优质基础教育数字资源共建共用；推进医疗保险异地使用与即时结算，完善医疗机构医学检验结果互认和双向转诊合作机制；实现各类社会保障信息平台互联互通，推行城市群内社保“一卡通”。第二，推动公共事务协同治理。统筹流动人口管理和服务、生态环境保护和治理等公共事务，推动社会治理由单个城市向城市群协同治理转变，实现城市群内多数公共事务“一网通办”。第三，优化法治环境和政务环境。建立执法协作联动机制，提升区域一体化执法水平和效能；加强对公共权力的制约与监督，努力破解“不作为”“乱作为”等治理难题。

专题五　山东省打造对外开放新高地的现实基础与战略选择

当今世界正经历百年未有之大变局，国际经济、科技、文化、安全、政治等格局都在发生深刻调整。面向未来，我国正加快形成以国内大循环为主体、国内国际双循环相互促进的新发展格局，新形势下以更高水平开放参与国际合作和竞争成为持续培育发展新优势的重要举措。

改革开放以来，特别是党的十八大以来，山东对外开放成绩显著，但与广东、江苏等先进省份相比差距持续扩大。2018 年 6 月，习近平总书记视察山东时要求山东主动融入国家开放大局，打造对外开放新高地。推动全方位高水平对外开放，积极应对外部环境深刻变化带来的风险与挑战，以开放促改革、促发展，是我国经济繁荣发展的必由之路，也是新时期加速形成国内国际双循环相互促进的发展格局的战略之举，更是山东省加速新旧动能转换、促进高质量发展、助力形成对外开放新格局和深度参与国际经济合作的战略选择。

一、山东全方位对外开放迎来历史性新机遇

（一）全面开放新格局加速形成需要山东有新作为

改革开放从未止步，从小岗破冰、深圳兴涛、海南弄潮、浦东逐浪，到雄安扬波、深圳再出发，改革开放步伐蹄疾步稳。特别是党的十八大以来，新一轮高水平对外开放全面推进，加速形成互利共赢、多元平衡、安全高效的开放型经济新体制。在全面对外开放格局下，在国内国际双循环相互促进的新发展格局下，党和国家更加重视凝聚各省市区的开放优势，以加速形成“东西互济、南北联

动、陆海共进”的全方位开放新格局，为山东外向型经济融入世界经济、开展全方位对外投资提供了重大机遇。作为经济大省、开放前沿的山东，既是我国深度参与东北亚地区竞争与合作的重要阵地，也是全速推进“一带一路”倡议及推动上海合作组织深度合作的新前沿，更是全方位开放新格局中的重要一环。

（二）“一带一路”倡议深入推进期待山东有新贡献

“一带一路”倡议提出以来，从“五通”到“六路”，逐步走深走实，已成为各方携手实现共同繁荣的机遇之路。从国际看，截至 2020 年 1 月底，中国已经同 138 个国家和 30 个国际组织签署 200 份共建“一带一路”合作文件，“一带一路”朋友圈遍布亚洲、非洲、欧洲、大洋洲、拉丁美洲；从国内看，“一带一路”倡议为劳动密集型、出口型产业的发展创造了历史性机遇，2013—2018 年，中国与“一带一路”沿线国家进出口总额超 6 万亿美元。山东作为“海上丝绸之路”的重要起点，深化“一带一路”沿线国家合作的重要节点，在“一带一路”建设中具有不可替代的作用，应有更大作为，努力成为“一带一路”建设的主力军，而“一带一路”建设逐年取得突破性进展有助于山东利用优势产能加快对外深度合作。

（三）上合组织地方合作示范区焕发开放新动能

2019 年 7 月 24 日，《中国—上海合作组织地方经贸合作示范区建设总体方案》经中央全面深化改革委员会第九次会议审议通过。建设“中国—上海合作组织地方经贸合作示范区”，不仅开启了青岛深度融入“一带一路”建设、拓展提升与上合组织国家地方经贸合作、构建新时代全面开放新格局的新篇章，而且也揭开了山东深入融入世界经济体系并发挥日益重要作用、协力构建全面开放新格局的新篇章。青岛在“一带一路”新亚欧大陆桥经济走廊建设和海上合作中的作用进一步彰显，山东在着力推动我国同上合组织国家互联互通方面扮演愈加重要的角色，在推动形成陆海内外共进、东西双向互济、南北互补联动的开放格局进程中焕发新动能、彰显新作用。

（四）东北亚局势整体趋缓释放区域合作新潜力

麦肯锡全球研究院指出，全球价值链呈现出区域化属性加强、全球化属性减弱的态势，亚洲经济体与中国的联系因区域供应链而愈加紧密。加之近年来，东北亚局势趋缓，朝美对话实现“历史性握手”，俄罗斯远东开发持续升温，中蒙关系稳步发展，区域双边关系和多边对话呈现有利于推动区域合作的良好局面，中日韩自贸区谈判全面提速，东北亚各国间的经贸合作也极有可能实现新突破。这些新变化有助于推动释放区域合作新潜力，为山东深度融入东北亚区域合作提供新契机。

（五）疫情冲击之下中国经济化危为机展新活力

2019 年年底，疫情暴发，引发国际金融、能源市场剧烈动荡，大多数国家经济活动在一段时期内陷入半停滞状态，全球经济形势日益严峻，走向衰退或成定势。中国在疫情防控方面成效显著，复工复产加速推进，经济下行态势得到明显扭转，并以高度负责的态度驰援多国抗疫，加强疫情防控国际合作，为我国与世界各国开展多领域交流、深化互利合作创造了新机遇。

二、山东打造对外开放新高地的现实基础

（一）全面加速融入世界经济体系

近年来，山东大力实施新一轮全方位高水平对外开放，全力推进中国（山东）自由贸易试验区建设，着力构建开放型经济发展新体制，全面加速融入世界经济体系。

一是深度融入“一带一路”建设。山东聚焦国际产能、经贸投资等 8 个重点领域，推出 190 个境外优先推进项目，其中 120 个重大项目被纳入国家储备库；推进 13 个境外经贸合作园区建设，中匈宝思德经贸合作区、海尔—鲁巴经济区等 4 个国家级境外合作园区累计投资 40 多亿美元，潍柴卡玛斯合作项目等一批有影响力的标志性项目落地实施。

二是进出口贸易上升态势趋稳。2019 年，山东货物进出口总额为 19302.5 亿元，比 2018 年增长 7.7%，高出全国 4.3 个百分点，占全国进出口总额的 6.12%，相比 2018 年略有下降，但整体上升态势趋稳。

三是实际利用外资整体增长。2010—2018 年保持了较为稳定的增长态势，2018 年实际利用外资金额为 2010 年的两倍多；从省际对比来看，山东的外资利用金额高于福建，与浙江基本相当。

四是非金融类对外直接投资存量位居全国前列。2010—2018 年，对外直接投资增长态势较为稳定，由 2010 年的 18.90 亿美元上升至 2018 年的 66.91 亿美元。截至 2018 年年底，山东省非金融类对外直接投资存量接近 550 亿美元，略低于浙江、高于江苏。

（二）陆海共进开放格局基本形成

陆海兼备的地缘特征使得山东成为“一带一路”的陆海连接点，山东是“一带一路”建设的重要节点和枢纽，持续由陆域经济向海域经济推进，已初步成为我国陆海共进开放格局的陆路枢纽和重要门户。

一是向海开放加速推进，临海优势持续凝聚。近年来，山东积极推动关港携手促港口转型升级，初步形成“以青岛港为枢纽港，日照港、烟台港、渤海湾港围绕各自区域腹地形成海上支线布局”的干支线网络配套发展格局，山东省港口集团跻身于全球最大的港口运营商，集装箱航线200余条，遍及全球180多个国家和地区。二是海陆联通“一带一路”开放新格局加速形成。“一带一路”稳步推进促动海陆深度联通，内陆地区逐一成为海铁联运大通道关键节点，相当于同步获得海、陆、空、铁、邮一体化物流体系，为山东提供了成为陆海联通枢纽的新机遇。

（三）新旧动能转换助推“增量崛起”

《山东新旧动能转换综合试验区建设总体方案》自2018年1月3日由国务院正式批复以来，济南、青岛、烟台“三核”引领发展特征日益突出，新动能主导经济发展的新格局助推山东经济“增量崛起”。

一是新动能产业集群加速崛起。新一代信息技术、高端装备、新能源新材料、现代海洋、医养健康、高端化工、现代高效农业、文化创意、精品旅游、现代金融“十强”产业集群呈现加速崛起之势。二是新动能稳步提升，“四新”经济助推新旧动能转换全面起势。山东省新动能增加值占GDP比重由2016年的39%提高到2018年的48%；“四新”经济增加值占GDP比重由2016年的20.7%提高到2018年的25%，2019年前三季度，“四新”经济投资占比达到43.1%，比上半年提高2.3个百分点，正成为新旧动能转换的强力引擎。三是“四新”经济引领发展潮流的格局初步形成。在济南高新区，“四新”经济产业增加值占地区生产总值比重超过50%；在青岛，着力打造“四新”经济创新链，加速形成高质量发展新格局；在烟台，“四新”经济逆势突围，新技术应用场景加速拓宽；在日照，“四新”经济增长潜力加速迸发。

（四）政策叠加助力开放先行先试

一是初步成为对外开放政策高地。近年来，国家对山东发展与开放高度重视,先后推动系列重大发展战略与开放政策在山东落地开花,率先在全国推动蓝色经济区、财富管理金融综合改革试验区建设,设立全国第一个新旧动能转换综合试验区,先后设立国家级新区和自由贸易试验区。二是政策优势加速转化为战略优势。持续叠加的政策优势正加速转化为叠加的战略优势,为山东打造对外开放新高地“赋能”,推动山东加速实现“走在前列、全面开创”的目标定位。以中国—上海合作组织地方经贸合作示范区建设为例,示范区建设持续放大上合组织青岛峰会效应,正加速将山东(特别是青岛)打造成上合组织国家面向亚太市场的重要“出海口”。三是叠加政策优势加速转为战略机遇。叠加政策与战略为山东深度融入国家开放战略、实现高水平对外开放带来全新机遇,也为山东积极适应全球经济形势新变化、持续优化贸易结构、提升贸易便利化水平、聚焦全球配置资源、融入“一带一路”建设和拓展中日韩区域经济合作的广度与深度带来战略机遇。2011—2019 年山东重大发展战略与政策如表 1 所示。

表 1　2011—2019 年山东重大发展战略与政策

时间	重大战略与政策
2011 年 1 月	国务院批复《山东半岛蓝色经济区发展规划》
2014 年 2 月	国务院批复《青岛市财富管理金融综合改革试验区总体方案》
2014 年 6 月	国家级新区青岛西海岸新区成立
2018 年 1 月	国务院正式批复《山东新旧动能转换综合试验区建设总体方案》,同意设立山东新旧动能转换综合试验区
2019 年 8 月	《国务院关于印发 6 个新设自由贸易试验区总体方案的通知》印发实施,中国(山东)自由贸易试验区正式设立
2019 年 10 月	国务院正式批复《中国—上海合作组织地方经贸合作示范区建设总体方案》
2019 年 10 月	工业和信息化部批复支持山东省济南—青岛人工智能创新应用先导区建设

三、山东打造对外开放新高地存在的突出问题

(一)开放优势明显减弱

一是进出口贸易整体规模偏小。2016—2019 年,尽管山东进出口总额逐年攀升,但其总量始终在江苏的 1/2、浙江的 2/3 水平上下波动;2019 年,山东进出口总额跌至江苏的 1/2 和浙江的 2/3 以下(见表 2)。

表 2 江苏、浙江、山东进出口对比

年份	进出口	江苏		浙江		山东		
		金额/亿元	江苏与山东之比	金额/亿元	浙江与山东之比	金额/亿元	山东与江苏之比	山东与浙江之比
2016	进出口	33635	2.17	22202	1.44	15467	0.46	0.70
	出口	21063	2.33	17666	1.95	9052	0.43	0.51
	进口	12572	1.96	4536	0.71	6414	0.51	1.41
2017	进出口	40022	2.25	25604	1.44	17824	0.45	0.70
	出口	24607	2.47	19446	1.95	9965	0.40	0.51
	进口	15415	1.96	6158	0.78	7859	0.51	1.28
2018	进出口	43802	2.27	28519	1.48	19303	0.44	0.68
	出口	26658	2.52	21182	2.00	10570	0.40	0.50
	进口	17145	1.96	7337	0.84	8733	0.51	1.19
2019	进出口	43380	2.12	30832	1.51	20421	0.47	0.66
	出口	27209	2.44	23070	2.07	11130	0.41	0.48
	进口	16171	1.74	7762	0.84	9291	0.57	1.20

资料来源：Wind 数据库。

二是实际利用外资滑坡态势显著。2019 年，山东实际利用外资遭遇断崖式滑坡，降幅超 50%；从省际对比来看，山东的外资利用金额远低于江苏和广东，低位时不及江苏的 1/3(2010 年仅为江苏的 32.17%)、广东的 1/2(2019 年仅为广东的 45.42%)，如表 3 所示。

表 3 山东、江苏、浙江、广东、福建实际利用外商投资额对比

年份	山东	江苏		浙江		广东		福建	
	金额/万美元	金额/万美元	山东与江苏之比	金额/万美元	山东与浙江之比	金额/万美元	山东与广东之比	金额/万美元	山东与福建之比
2010	916833	2849777	0.3217	1100175	0.8334	2026098	0.4525	580279	1.5800
2011	1116022	3213173	0.3473	1166601	0.9566	2179836	0.5120	620111	1.7997
2012	1235267	3575956	0.3454	1306926	0.9452	2354911	0.5245	633774	1.9491

续表

年份	山东	江苏		浙江		广东		福建	
	金额/万美元	金额/万美元	山东与江苏之比	金额/万美元	山东与浙江之比	金额/万美元	山东与广东之比	金额/万美元	山东与福建之比
2013	1405315	3325922	0.4225	1415898	0.9925	2495210	0.5632	667896	2.1041
2014	1519511	2817416	0.5393	1579725	0.9619	2687144	0.5655	711499	2.1356
2015	1630090	2427469	0.6715	1696024	0.9611	2687546	0.6065	768339	2.1216
2016	1682556	2454296	0.6856	1757748	0.9572	2334921	0.7206	819465	2.0532
2017	1785731	2513541	0.7104	1790210	0.9975	2290668	0.7796	857672	2.0821
2018	2051636	2559248	0.8017	1863874	1.1007	2103182	0.9755	445477	4.6055
2019	1002000	2612000	0.3836	1356000	0.7389	2206277	0.4542	432000	2.3194

资料来源：Wind 数据库。

三是非金融类对外直接投资流量增势乏力。2010—2018 年，山东对外直接投资占全国的份额呈现明显下降，由 2010 年的 10.72%下降至 2018 年的 6.82%（见图 1）。

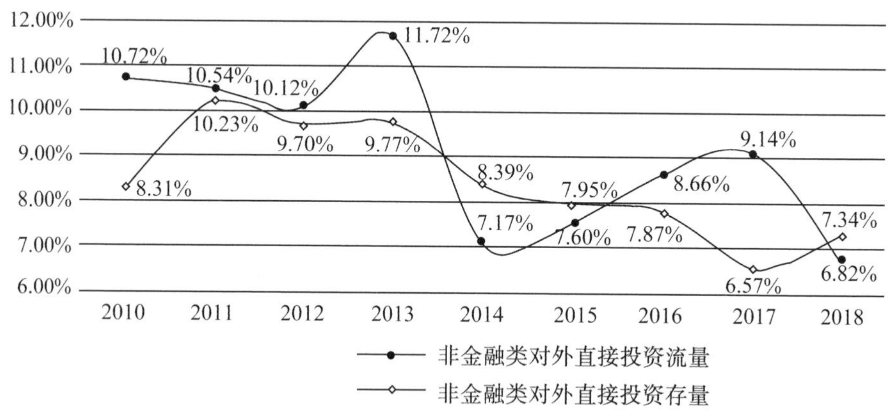

图 1　2010—2018 年山东省非金融类对外直接投资占全国比重

资料来源：Wind 数据库。

四是人口国际流动性不足。2018 年，山东两大国际机场出入境吞吐量较低，青岛流亭为 363 万人次，济南遥墙为 125 万人次，分别排第 10 位和第 21 位，两大机场人次加起来还不及杭州萧山机场，远低于成都双流机场；接待入境过夜游游客306万人次，居全国第8位，低于陕西和湖北，占全国的比例出现下滑态势，由2017年的5.04%下降至2018年的4.79%；国际旅游收入仅3.29亿美元，居全国第6位，比第5位的云南少1亿多美元。

（二）地缘区位优势趋弱

一是陆域开放格局中地缘优势面临周围战略优势持续挤压，"突围"压力持续加剧使得地缘优势趋弱。从地理特征来看，山东地处国家区域发展战略包围圈，北向近邻京津冀、远援东北地区，南向紧携长江三角洲，西向直引黄河流域，既是国家区域发展战略的交汇区域，也是国家区域发展战略的"盲区"，地缘优势受到周边战略优势持续挤压，亟须联动各项区域发展战略形成新的发展合力，既服务好国家发展大局，又形成合力"突围"打造战略交汇新支点。

二是隔海相望于日朝韩的地缘优势新动能释放缓慢，面向太平洋的开放之路起步蹒跚。山东虽然港口众多，但单港综合实力尚未形成引领地位，门户港向枢纽港、物流港向贸易港转型犹待加速；港口群协作体系尚未形成，同质竞争格局尚存，港口特色待进一步凸显。

三是"一带一路"建设逐年取得突破性进展，持续削弱临海优势。"一带一路"稳步推进促动海陆深度联通，内陆地区逐一成为海铁联运大通道关键节点，相当于同步获得海、陆、空、铁、邮一体化物流体系，带来了临海优势加速趋弱的新挑战。

四是国际区域合作推进逐步蚕食山东以地缘优势积累的传统开放优势。以中韩自贸区和中日韩自贸区为例，由于自贸区优惠政策是普惠制的，并不局限于某一省份，区域合作机制的推进有可能压缩山东原有地缘优势的释放空间，如何在中国与东北亚各国互动格局中找准定位，凝聚新的发展优势，成为山东全面开放面临的新挑战。

（三）增长优势尚不突出

身处新旧动能转换中心的山东尚未形成独特的发展优势，新动能凝聚的增长优势并不突出，特别是相比于江、浙、粤等沿海地区，"增量崛起"的增长优势略显黯淡。

一是存量变革下手较晚、力度不足，突出表现为结构调整滞后。转变经济发展方式是结构调整的关键，"十二五"以来，山东各项改革步伐明显迟滞，整体滞后于南方经济发达省份5年左右，结果是工业产业结构偏重的局面尚未明显改善，人均GDP较低水平时面临第二产业占GDP比重加速下行（见表4），呈现为过早去工业化态势。

表4　2000—2019年山东、广东、江苏三次产业结构对比　　单位：%

年份	山东			广东			江苏		
	第一产业	第二产业	第三产业	第一产业	第二产业	第三产业	第一产业	第二产业	第三产业
2000	15.22	49.95	34.84	9.18	46.54	44.27	12.26	51.86	35.88
2005	10.69	57.05	32.26	6.33	50.35	43.32	7.86	56.59	35.55
2010	9.16	54.22	36.62	4.97	50.02	45.01	6.13	52.51	41.35
2015	7.90	46.8	45.3	4.59	44.79	50.61	5.68	45.7	48.61
2019	7.20	39.84	52.96	4.04	40.44	55.51	4.31	44.43	51.25

资料来源：根据国家统计局网站数据计算。

二是增量崛起力不从心，新动能优势并不显著。近年来，尽管山东推出了一系列大刀阔斧的改革举措，积极推进新旧动能转换引导基金设立，且重点城市加速突围，如济南新设立新旧动能转换先行区管理委员会，青岛制定新旧动能转换的“施工图”，但山东省工业失速导致其在国民经济中的占比和贡献率急速下降的事实不容忽视，2011—2019年山东、广东、江苏工业增加值的年均增速分别为0.97%、6.04%、7.02%。

三是经济总量“掉队”，优等生滑位。1989—2009年，广东经济总量稳居全国首位，山东与江苏齐头并进、交替领先，20年间山东有8年居全国第二，江苏有12年居全国第二。自2009年之后，山东经济总量退居全国第三位，明显落后于江苏，2018年山东经济总量仅为江苏的82.58%、广东的78.61%；山东经济总量的全国占比呈现急剧下滑态势，2006年山东经济总量约占全国的10%，而到2019年下滑至7.17%，下降了2.81个百分点。另一个显著滑位现象是山东人均GDP跌至全国平均水平以下，2019年山东人均GDP为7.07万元，下滑至全国第10位，这是1987年以来山东人均GDP首次低于全国平均水平。

（四）政策优势支撑乏力

从山东开放型经济发展格局来看，山东政策优势与战略优势的叠加效应并未得到有效释放。

一是先前优势尚未释放便遭遇后续政策强力挤压。从全国来看，山东半岛蓝色经济区具有开创引领作用，但由于推进缓慢，并未呈现显著的引领特征。浙江舟山群岛新区与山东半岛蓝色经济区虽非同源，但在“向海经济”创新发展方面对山东形成了一定程度的实质性挤压。

二是部分政策来得太晚，创新引领特征趋弱。青岛市财富管理金融综合改革试验区为全国第5个金融改革试验区，落地时间晚于温州金融综合改革试验区（2012年）、珠江三角洲金融改革创新综合试验区（2012年）、泉州金融服务实体经济综合改革试验区（2012年）、云南广西沿边金融综合改革试验区（2013年）；国家级新区——青岛西海岸新区为全国第9个国家级新区，设立时间为2014年，晚于上海浦东新区22年、天津滨海新区18年；中国（山东）自由贸易试验区于2019年8月得到国务院批复，属于自由贸易试验区中的“新生儿”。

三是在国家重大区域发展战略中长期缺位，重点在于缺乏全局性区域发展战略支撑。目前，山东并未深度融入全国区域发展战略，向东北与东北振兴互动不温不火，向北力图深度融入京津冀却推进乏力，向南意欲搭乘长江三角洲一体化发展快车却发现尾大难掉。

四、山东打造对外开放新高地的战略选择

进入新时代，建设更高水平的开放型经济新体制仍是中国经济行稳致远的战略选择，推动山东打造对外开放新高地，不仅将显著推动山东经济再次腾飞，深度融入世界经济体系，还将深刻推动我国实施更大范围、更宽领域、更深层次的全面开放。打造对外开放新高地，山东要有拥抱世界的底气和作为，立足枢纽不仅应成为山东全方位开放的发展目标，更应内化为具体的政策举措，推动山东加快融入世界经济体系并稳步提升全球配置资源的能级。

（一）紧抓政策机遇窗口，高点建设上合组织地方合作示范区

一是积极争取上合组织国家在青岛设立总领事馆。参照东盟国家在南宁设立总领事馆的方式，推动上合组织国家在青岛设立总领事馆；争取上合组织秘书处在青岛设立常驻办事处（或协调机构）；积极组织中国—上合组织博览会，争取将青岛设立为博览会常驻地点。

二是全面深化与上合组织国家的科研、教育合作。推进联合办学，探索在青岛新办上合组织国家的联合高校或研究院，并逐步扩展至独联体国家的合作；大力引进上合组织成员的科技型人才，打造国际人才集聚枢纽；加快推进与上合组织成员相匹配的特殊语种专业人士引进和培育，或在省内各高校（以青

岛为重点)推进上合组织成员语种教学,深化专业知识与特种语言的融合。

三是加快建设青岛国际人才港。借鉴浦东经验,快步建设一站式国际人才港,建立自贸区外国人来华工作"一网通办"服务平台,实现外国人来华工作居留许可"一网通办""一表申请""一窗受理""一站服务"。

四是开创性探索并设立"跨空"边民互市贸易区。借鉴海南省推动东方市建设"跨海"边民互市贸易区做法,积极探索"非陆接壤"边民互市贸易政策,推动山东(青岛)与上合组织国家按边民便利进行往来;积极探索并争取对上合组织国家和独联体国家的边贸许可,推动上合组织国家和独联体国家与青岛开展边民互市贸易。

(二)立足东北亚新枢纽,重点深化日韩全方位合作

作为深化东北亚区域合作的前沿阵地,山东打造对外开放新高地要立足东北亚,尽速释放地处"一带一路"主要节点和战略支点的地缘效应。

一是发掘隔海相望优势,全方位深化日韩合作。重点推进中韩(烟台)产业园和中日(青岛)地方发展合作示范区建设,推动设立中韩(青岛)、中韩(济南)、中日(济南)、中日(青岛)国际产业园;推进主要港口城市与日韩之间的"海上高速",着力构建连接日韩、东南亚和中亚的海铁联运大通道,谋划山东在东北亚等更大范围内的陆海空立体交通大通道;在青岛、烟台、威海、日照等地探索与日韩主要城市之间的"跨海"互市贸易;推进与日韩签署跨境人力资源合作协议,创新外籍员工就业、签证及居留许可便利措施。

二是构建一体化跨境物流体系。以沿海港口群和六大国际机场为主,加密国际机场到东北亚(特别是日韩)各主要城市的货运航班,积极开拓航空物流业务领域和范围;加强与铁路沿线内陆及边境海关的联系配合,推进多种运输方式"一单到底",推动构建跨境海、陆、空、铁、邮一体化物流体系。

三是稳步推行全域免签入境 144 小时。推动六大国际机场组群发展,探索青岛免签入境 144 小时在国际机场所在城市推广,如果推进存在难度,可先行面向东北亚、重点面向日韩先行探索推进。

(三)强化海上战略支点,构建陆海内外联动开放新格局

一是强化海上合作战略支点作用。提升海洋经济辐射力,形成"从海滨辐射内陆,从海滨走向深海"的大格局,推进与"海上丝绸之路"沿线国家和地区港口城市之间的互联互通。

二是率先突破海铁联运，构建区域性航运枢纽。全面推广港口全自动化码头，提升港口装卸与转运效能；率先在青岛港开展整箱国际分批转运试点、整船换装和过境运输等业务，吸引国际货轮中转，强化区域性航运枢纽地位；推动航运、贸易、金融联动发展，突破海铁联运“瓶颈”，最大限度地发挥港口对城市的综合带动效应。

三是以港兴产，港城产融合发展。加快东亚海洋合作平台建设，转变港口发展方式，推动运输港发展成为贸易港，围绕航运、贸易发展以金融为核心的现代服务业集群，探索并建设“港口＋贸易＋金融＋物流”的港口服务新模式；全力支持临港产业在港口周边落户，以临港产业集群为抓手，加快提升港口物流链整合能力，集成物流链上下游各环节，提升供应链话语权。

（四）全力推进自贸试验区建设，释放政策叠加、集成效应

一是加快开放政策集成，探索释放自贸试验区活力。以三区（新旧动能转换先行区、海洋经济引领区、“一带一路”建设示范区）建设为引领，推动自贸试验区与各项国家级新区、上合组织合作示范区等开放政策叠加赋能。

二是“掘金”跨境电商综试区。全力推进青岛、威海、济南、烟台、东营、潍坊、临沂等七市国家跨境电子商务综合试验区建设和探索，创新跨境贸易电子商务高效便捷监管模式，推动企业共建共享海外仓；探索跨境电商零售进口超限额商品转为一般贸易，发展“网购保税＋线下自提”模式，促进“保税＋免税”共同发展；推动自贸三片区与电商综试区七市联合试点。

专题六　山东省基础设施发展现状评价与发展战略研究

基础设施是国民经济的基础与先导，对经济发展有着不可替代的支撑和拉动作用。作为国民经济各项事业发展的基础，完善的基础设施对加速社会经济发展，促进其空间分布形态演变起着巨大的推动作用。

一、新时期山东基础设施建设新成就

基础设施建设不仅是提升区域发展潜力与城市品质的基础、地区综合实力的客观反映，也是实现高质量发展的重要保障与支撑。近年来，山东的基础设施建设全面提速，相继建成一批重大基础设施，呈现稳步追赶态势。

（一）基础设施投资与建设呈全面提速态势

一是基础设施投资增速高于全国平均水平。特别是综合交通基础设施建设（包括高铁、高速公路、水运、机场等项目）投资大幅增长。2019 年，山东省基础设施投资增长 3.9%，领先于全国平均增速（3.8%），其中交通运输仓储和邮政业投资增长 32.8%，航空、道路和铁路运输业投资分别增长 63.9%、40.5% 和 27.9%；城市建设投资 1502.8 亿元，比 2018 年增长 4.8%。二是城市市政公用设施建设固定资产投资位居全国前列。山东省 2018 年完成投资 1248 亿元，投资额居全国第 8 位。轨道交通投资总额居全国第 9 位，道路桥梁投资总额居全国第 8 位；地下综合管廊投资接近 60 亿元，居全国第 3 位；市政排水设施投资接近 10 亿元，居全国第 8 位。三是交通基础设施稳步改善。截至 2019 年年底，全省高速公路通车里程达到 6447 公里，实现“县县通高速”；全省铁路运营里程达到 6589 公里，高速铁路运营里程达到 1987 公里，省内高铁成环运行。四是高速公路与高铁即将取得突破性进展。2020 年是全省交通重点工程建设项目最多、规模最大、投资最多的一年，年内确保 14 条高速公路建成通车以及京雄商高铁等 4 个高铁项目开工，并力争实现“市市通高铁”（见表 1）。截至 2020 年年底，高速公路通车里程达到 7473 公里，重回全国高速公路第一梯队。

表 1　山东及部分省份高速公路与高速铁路对比

	县县通高速	实现排名	市市通高铁（动车）	实现排名
江苏	2015 年	第 5 个	2019 年	第 3 个
浙江	2020 年	第 10 个	2015 年	第 2 个
山东	2019 年	宣称实现	力争 2020 年	
广东	2015 年	并列第 7、8 个	力争 2020 年	

注：仅陆域。截至 2020 年，山东宣称陆域县已实现“县县通高速”，但实际上仅仅实现了县县“过”高速，多个县（区）境内无高速公路出入口，但皆已在建。

（二）全面升级信息基础设施迈出坚定步伐

一是深入实施“宽带山东”战略。信息基础设施建设取得明显成效，2017 年，所有城区、行政村实现光纤全覆盖，城乡家庭互联网接入能力基本达到 100Mbps。二是加速信息基础设施布局支持数字经济发展。2019 年 7 月，《山东省支持数字经济发展的意见》推出，明确指出将信息基础设施建设纳入国土空间规划，组织编制信息基础设施专项规划，统筹考虑光纤网络、通信机房、管道、铁塔、基站等基础设施的布局。三是加快建设泛在连接的信息通信网络，全面升级信息基础设施。2020 年 3 月，山东省人民政府办公厅发布《关于山东省数字基础设施建设的指导意见》，旨在建设泛在连接的信息通信网络，全面建成高水平全光网，并推进信息网络演进升级。

（三）初步构建全方位发展的能源供应体系

作为全国重要的能源生产和消费大省，山东初步构建了煤炭、电力、石油、天然气及新能源和可再生能源全面发展的能源供应体系。一是能源输配网络稳步完善。形成了以 500 千伏为省域电网主网架、220 千伏为市域电网主网架，发、输、配电协调发展的大型电网。二是天然气管网基本实现全域覆盖。累计建成天然气主干管道 6250 公里，初步形成了“三横六纵”主干输气网络，96%的县（市、区）实现了长输管道天然气供给。三是新能源装机容量持续提升。新能源和可再生能源发电装机总容量 3374.3 万千瓦，占电力总装机容量的 24%。

（四）水利基础设施骨架既成发挥显著作用

一是山东水利工程体系的骨干水网架构基本形成。截至 2019 年，黄水东调二期工程、峡山水库胶东调蓄省级战略水源地工程和引黄济青改扩建主体工程建成通水，胶东地区引黄调水工程通过竣工验收，南水北调工程尾工全部完成，对于统筹调配水资源、保障干旱年份用水安全等发挥显著作用。水库建设成就显著，截至 2017 年，山东省水库数量为 6431 座，居全国第 7 位，占全国水库数量的 6.5%。二是非常规水源利用能力加速提升。截至 2018 年年底，山东已实现海水淡化工程规模 282625 吨/日（居全国第 2 位，低于天津的 317245 吨/日），海水淡化作为现有水源的补充措施，在很大程度上缓解了区域缺水状况，提供了提高生活水平和经济发展水平的水资源保障。三是污水处理全面提速。截至 2018 年，污水处理率达到 97.45%，污水集中处理率达到 97.24%，[①] 居全国第四位。

（五）新型基础设施建设稳步推进位居前列

一是着力构建"中国算谷"。山东发力设网、云、端，致力于构建高速率、大容量、高质量的通信网络，打造"中国算谷"，并推动全域感知的智能终端设施建设。二是全速推动 5G 建设。截至 2020 年 2 月底，山东 16 个市已建设 5G 基站突破 1.1 万个，济南、青岛、烟台基本实现重点城区连续覆盖，山东的 5G 基站建设处于全国前列（见表 2）。三是战略布局人工智能产业链。智能机器人产业已成为山东人工智能产业各子类别中占比最大的产业，现有智能机器人制造及上下游相关企业 120 余家，2018 年度总产值约 200 亿元。省会济南已形成从基础支撑、核心技术到行业应用较为完整的人工智能产业链，产业链内规模以上企业 100 余家，带动相关产业规模 600 亿元，积极推动自贸试验区济南片区建设人工智能岛。四是全面布局工业互联网，紧抓"窗口"机遇。积极推动工业互联网纲领性文件落地，先后出台"互联网＋先进制造业""5G 产业发展"等指导性文件，组建山东省工业互联网协会，发起设立工业互联网创投基金、5G 产业创新发展财政资金，在全国首创"云服务券"补贴制度。省市联动加速推进工业互

① 资料来源：《中国城乡建设统计年鉴（2018）》。

联网建设,青岛出台《青岛市工业互联网三年攻坚实施方案(2020—2022年)》,着力推动青岛打造"世界工业互联网之都",全省首只工业互联网创投基金落户潍坊。

表2 部分省份5G基站建设情况

	2019年已建	2020年目标
广东	3.6万个	新建4.8万个
浙江	1.57万个	建成5万个
山东	1万个	新建4万个
重庆	1万个	新建3万个
天津	超过3000个	建成2万个以上
广西	约2500个	建成2万个
江西	—	建成2万个
安徽	—	新建1万个以上

资料来源:根据互联网信息整理(截至2020年3月)。

二、山东基础设施建设存在的突出问题与短板

近年来,山东基础设施呈现加速追赶态势并逐年取得突破性成就,多项指标已处于全国前列,但从未来经济社会发展和现代化建设要求来看,仍存在一些短板和薄弱环节,且短板正加速凸显。

(一)基础设施投资存在不足与资金来源单一

一是轨道交通投资滞后且严重不足。2018年,山东城市轨道交通投资总额居全国第9位,明显低于福建、湖北等地,不及江苏的1/2;轨道交通占年度城市市政公用设施建设投资总额的21.71%,居全国第19位。轨道交通投入不足带来的显著问题就是山东轨道交通发展相当滞后,甚至一度落后于贵州(2018年已建成里程数小于贵州,见图1);市政地铁也明显落后,全省第一条地铁(青岛)2015年12月才开通,济南第一条地铁2019年才开通,截至2019年年底,青岛和济南运营地铁线路仅6条。

二是市政公用设施建设固定资产投资资金来源单一。市政公用设施投资资金来源以国家预算资金为主,占比接近40%;其次是国内贷款和自筹资金,分

别占 22.19%和 21.44%;债券和外资占比极低,分别为 0.13%和 0.11%(见表 3)。

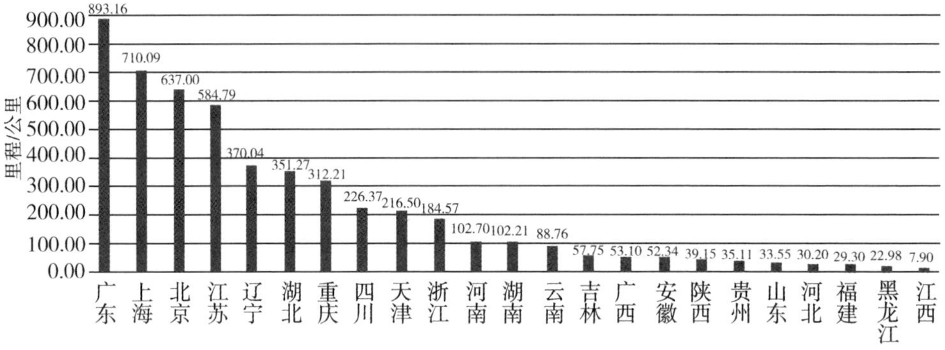

图 1　2018 年部分省份城市轨道交通(建成)里程

资料来源:《中国城乡建设统计年鉴(2018)》。

表 3　按资金来源分部分城市市政公用设施建设固定资产投资(2018 年) 单位:%

	国家预算资金	国内贷款	债券	利用外资	自筹资金	其他资金	2017 年年末结余资金
北京	31.77	5.04	1.29	0.00	10.71	22.08	29.12
天津	27.76	42.90	0.53	0.00	20.52	5.73	2.55
河北	37.72	1.83	0.81	0.10	49.53	9.53	0.47
山西	26.09	8.66	1.93	0.00	18.24	44.58	0.50
内蒙古	11.50	2.68	0.20	0.00	70.79	12.64	2.19
辽宁	16.45	21.86	0.72	0.00	27.30	15.96	17.70
吉林	18.10	34.23	1.84	0.06	19.68	10.89	15.20
黑龙江	24.59	34.70	1.49	0.00	23.97	9.44	5.81
上海	38.03	5.71	0.00	0.00	45.25	2.53	8.48
江苏	22.07	21.31	0.46	0.23	32.86	19.21	3.85
浙江	24.12	29.25	0.04	0.04	30.77	11.36	4.41
安徽	55.49	9.09	0.09	0.68	20.80	11.41	2.44
福建	12.05	12.17	0.65	0.01	63.71	7.67	3.74
江西	26.74	3.85	0.05	0.72	39.97	27.75	0.92

续表

	国家预算资金	国内贷款	债券	利用外资	自筹资金	其他资金	2017年年末结余资金
山东	39.74	22.19	0.13	0.11	21.44	11.71	4.67
河南	42.82	13.35	0.13	0.71	18.54	20.94	3.51
湖北	4.76	83.66	0.35	0.26	7.39	3.50	0.07
湖南	16.49	36.88	1.97	1.04	28.14	8.95	6.51
广东	26.01	17.35	0.03	0.02	4.57	46.31	5.70
广西	19.22	37.28	1.60	0.77	24.72	11.11	5.30
海南	59.86	1.84	9.21	1.22	3.54	10.07	14.26
重庆	48.75	33.71	1.15	0.08	7.64	2.67	6.00
四川	7.97	20.52	1.10	0.09	28.43	30.61	11.27
贵州	26.89	38.22	0.00	0.00	21.45	4.56	8.87
云南	4.13	13.51	0.32	0.00	54.19	26.62	1.23
西藏	36.00	0.00	19.51	0.00	34.78	6.35	3.36
陕西	27.44	13.92	0.00	0.68	34.84	3.67	19.46
甘肃	7.35	33.55	0.51	1.03	38.77	12.62	6.17
青海	78.59	10.83	0.00	2.63	5.90	0.35	1.71
宁夏	20.85	56.71	0.15	0.00	10.88	8.46	2.94
新疆	21.00	19.38	3.04	0.00	47.72	6.92	1.94

资料来源:《中国城乡建设统计年鉴(2018)》。

(二)交通基础设施"短板制约"现象加速凸显

一是交通枢纽特征不显著,区域枢纽地位尚未奠定。首先,外联通道滞后,战略通道欠缺,北联京津冀、南接长江经济带、西通中原经济区的外联通道数量不足,东联东北通道长期缺位,亟待联通烟台与大连,打通东北与长三角地区的快速通道。其次,快速交通体系支撑乏力,时速350公里的高铁仅占33%;双向六车道及以上高速公路仅占24%,远低于江苏、广东;机场规模整体偏小,多数机场的飞行区等级低。最后,内联网络密度与等级不足,省内高速公路和高铁覆盖程度较低,路网密度分别居全国第9位和第13位,高速公路里程已明显低于贵州[①]，城市间快速交通体系并未形成，城市轨道交通推进缓慢，内河航道通航标准较低，难以满足航运需求。

二是城市交通正成为制约经济发展的新瓶颈。首先，多式联运，港口、机场、铁路、公路等各类交通方式衔接不畅，远未实现乘客“零距离换乘”、货运“无缝隙衔接”。其次，城市拥堵加剧，特别是省会济南道路规划严重滞后、“断头路”长期没得到有效解决，加之济南城区狭长的“油条状”特征，给城市交通带来巨大压力。根据高德地图《2019 中国主要城市交通分析报告》，济南高峰拥堵延时指数位居全国前五，仅次于哈尔滨、重庆、长春、北京。最后，物流仓储和道路交通建设迟滞，山东省物流仓储用地和道路交通用地面积之和不及市区面积的 1%(0.90%)，低于安徽，居全国第 9 位。

三是沿海区位优势尚未凸显。山东拥有 7 个沿海港口，作为全国唯一拥有 3 个年吞吐量过 4 亿吨大港的省份，在年港口货物吞吐量超 16 亿吨的情况下，并未形成具有强劲市场地位的港口群，也未打造出特色优势港口，反而是分散化的无序发展与低效重复建设不断加剧同质竞争，“大而不强”已成为山东港口群的真实写照。尽管 2019 年成立了山东省港口集团，但有效释放港口整合红利还有待时日。

(三)信息基础设施现状难以支撑高质量发展

一是信息基础设施对高质量发展支撑能力明显不足。首先，电信通信能力仍有较大提升空间。固定长度电话交换机人均容量、局用交换机人均容量、移动电话交换机人均容量、移动电话基站万人配比等均低于全国平均水平，虽然光缆线路密度与长途光缆线路密度高于全国平均水平，但相比于上海、江苏、浙江等地仍有较大差距(见表 4)。其次，移动宽带用户、固定宽带家庭普及率等指标低于全国平均水平，4G 网络尚未实现全覆盖。《中国数字经济发展与就业白皮书(2019 年)》显示，北京、上海数字经济规模占 GDP 比重超过 50%，山东不到 40%，居全国第 8 位。

① 2019 年，贵州省高速公路里程突破 7000 公里。

表 4 2018 年全国及部分省份电信通信能力及对比

	固定长途电话交换机容量/（路端/万人）	局用交换机容量/（门/万人）	移动电话交换机容量/（户/万人）	移动电话基站/（个/万人）	光缆线路密度/（公里/平方公里）	长途光缆线路密度/（公里/平方公里）
全国	28	441	18594	48	4.50	0.10
上海	148	733	27013	48	98.03	0.64
江苏	15	38	24014	51	32.70	0.35
浙江	116	232	28251	71	29.68	0.26
山东	12	278	12810	42	14.82	0.23
广东	23	206	20305	57	14.41	0.30

资料来源：《中国统计年鉴（2019）》。

二是网络基础支撑服务能力犹弱。首先，高速率通信网络体系（如光纤、5G）亟须扩容，千兆城市与百兆乡村建设整体迟滞，城市千兆光纤网络覆盖率、城市 10G PON 端口占比、5G 基站占比、重点场所千兆宽带覆盖率（学校、医院、火车站等）、重点场所 5G 网络覆盖率等“千兆城市”重点指标均低于上海、北京、重庆、江苏、浙江和广东等地。其次，互联网主要指标偏低，移动互联网普及率、互联网宽带普及率和家庭宽带普及率等均低于全国水平（见表 5）。

表 5 2018 年全国及部分省份主要互联网指标

	互联网宽带接入端口数量/万个	移动互联网用户		互联网宽带接入用户		城市宽带接入用户	农村宽带接入用户	家庭宽带接入用户		政企宽带接入用户
		数量/万户	普及率/%	数量/万户	普及率/%	数量/万户	数量/万户	数量/万户	普及率/%	数量/万户
全国	86752.3	127481.5	274	40738	87.59	28996.5	11741.7	35351.6	76.00	5386.6
江苏	7131.5	7979.5	301	3352	126.56	2107.5	1244.4	2868.1	108.30	483.8
浙江	5971.0	6833.6	307	2654	119.34	1751.5	902.3	2172.1	97.68	481.7
山东	6312.3	8418.6	238	2885	81.83	1933.5	951.3	2613.1	74.12	271.8
广东	8149.1	14106.9	375	3598	95.76	2970.5	627.3	3025.2	80.52	572.6

资料来源：根据《中国统计年鉴（2019）》计算。

三是国际信息通信枢纽特征尚未显现。青岛作为中国北方唯一国际海底光缆登陆站，仍待进一步建设、提升和完善，济南国际互联网数据专用通道带宽亟待拓展，两者对山东省国际通信业务支撑能力整体不足，区域内国际通信流量疏导能力有待提升，国家超级计算济南中心辐射范围有限。

（四）能源动力设施战略性不足，缺口持续增大

一是天然气管网密度较低，“气化山东”天然气环网有待强化。天然气管网密度居全国第6位，不到第4位江苏的一半，比第5位浙江低3.19公里/百平方公里（见图2）；城市燃气普及率（99.20%）低于河北（99.28%），居全国第7位。

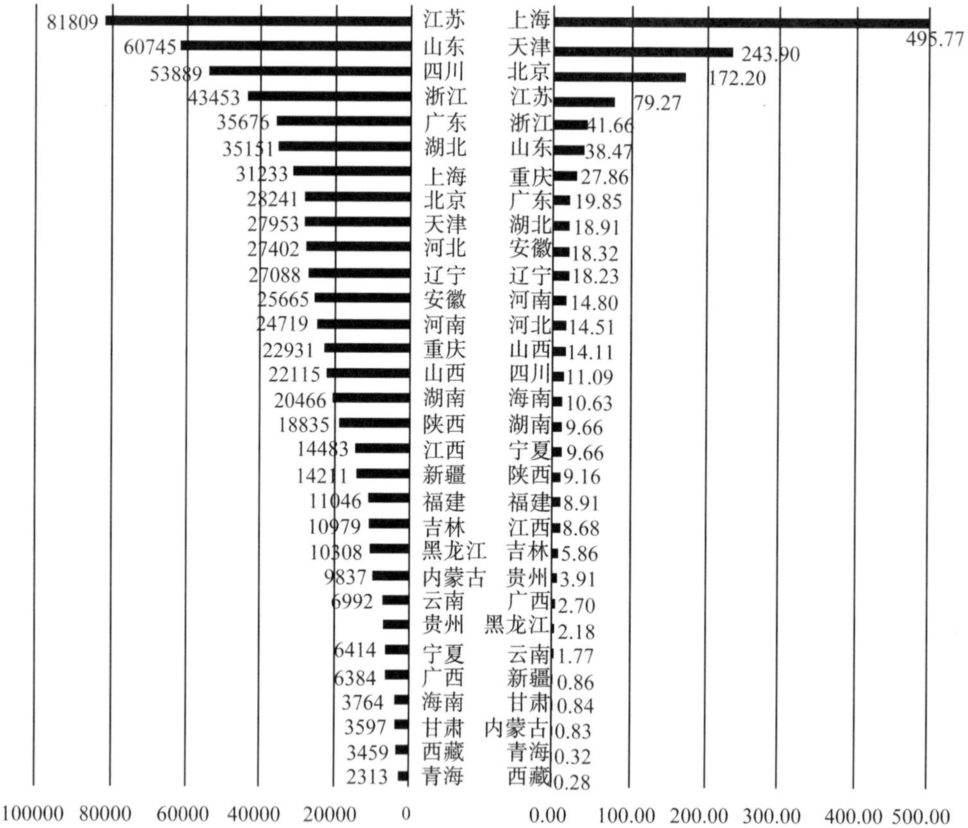

注：左侧图为天然气管道长度（公里），右侧图为天然气管道密度（公里/百平方公里）。

图2　各省份天然气管道长度及密度

资料来源：《中国统计年鉴（2019）》。

二是充电基础设施建设提升空间较大。截至 2019 年 11 月，山东公共充电桩数量居全国第 5 位，有 31571 个(见图 3)，但其数量为广东、江苏的一半多，每十万人拥有充电桩数量(31)几乎仅相当于北京(266)和上海(224)的尾数，不及江苏(73)的一半，仅为广东的 60%(见表 6)。

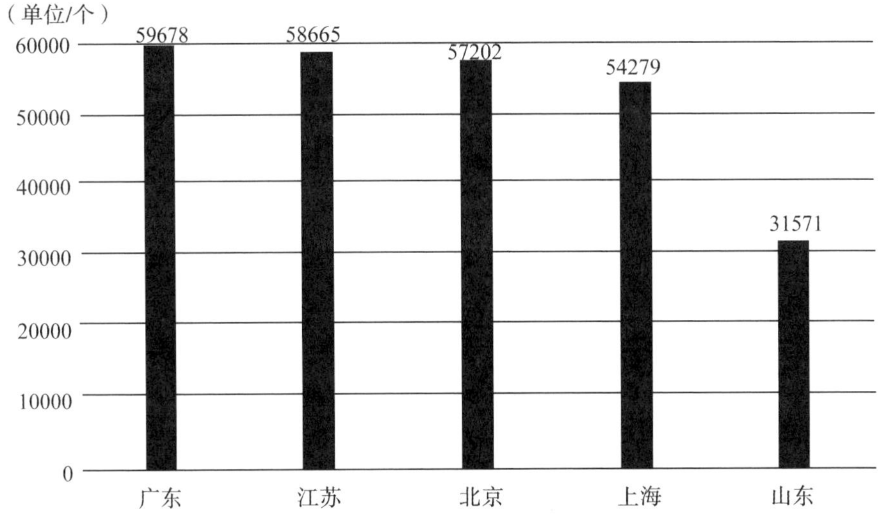

图 3 公共充电桩数量排前五名的省份(截至 2019 年 11 月)

表 6 公共充电桩排前五位的省份

	公共充电桩数量/个	总量排名	每十万人拥有充电桩数量/个	山东每十万人拥有充电桩数量与其之比
广东	59678	1	53	0.5849
江苏	58665	2	73	0.4247
北京	57202	3	266	0.1165
上海	54279	4	224	0.1384
山东	31571	5	31	—

注：充电桩数量截至 2019 年 11 月，人口数据为 2018 年年末数据(来源于《中国统计年鉴(2019)》)。

三是新能源和可再生能源发电装机容量难以支撑能源消费的煤炭转型。2019年，新能源和可再生能源发电装机容量仅占电力总装机容量的24.0%①，发电装机依然以火力发电为主，煤炭消费总量大、占比高仍然是山东能源结构的突出矛盾，以电代煤、以电代油仍需全力推进；供电缺口长期存在且压力增大，尽管山东年发电总量居全国第1位，但人均发电量仅居全国第7位（见表7），“外电入鲁”接纳能力亟待提升，尤其是1000千伏特高压环网工程及特高压交流落点和直流落点建设滞后。

表7　2019年全国发电量前十大省份

	年发电总量		每百万人发电量	
	数量/亿千瓦时	排名	数量/亿千瓦时	排名
山东	5586	1	56	7
内蒙古	5327	2	210	1
江苏	5015	3	62	5
广东	4726	4	42	9
四川	3671	5	44	8
新疆	3564	6	143	2
浙江	3351	7	58	6
云南	3252	8	67	4
山西	3238	9	87	3
河北	3118	10	41	10

资料来源：http://www.china-nengyuan.com/news/151623.html。

四是战略性能源基础设施谋划不足。沿海大型原油码头、LNG（液化天然气）接收站、长输油气管网、储备库等基础设施建设整体滞后；覆盖全省、联通海内外的油气供应格局尚未形成，亟须加强对接西气东输、中俄东线等国家骨干输气工程的天然气储运通道建设；全国重要的东部沿海核电基地、东部风电大省建设任重道远，2019年山东风电发电量居全国第8位，仅为162亿千瓦时，离2030年建设成为陆上、海上“双千万瓦级风电基地”的目标尚有较大差距，至2020年核电装

① 截至2018年11月，山东风电装机总容量为1126万千瓦，光伏装机容量为1340万千瓦，核电装机容量为125万千瓦，生物质能发电装机容量为262万千瓦。

机总容量才达270万千瓦，仅为2030年核电装机总容量2065万千瓦目标的13%。

（五）水利基础设施工程薄弱与能力不足并存

一是供水能力不足是显著短板。首先，供水管道密度亟待加快提升。全省供水管道密度居全国第21位，仅为全国平均水平的71.3%；城市建成区供水管道密度不足10公里/平方公里，居全国第19位，仅为浙江的55%和江苏的60%。其次，公共供水普及率偏低。城市建成区公共供水普及率不及97%，居全国第13位。最后，供水与用水不足。2018年，年供水综合生产能力居全国第4位，不到第3位北京的60%；人均日生活用水量很低，居全国第26位，仅为全国水平的70%。

二是排水及污水处置能力缺口尚存。特别是农村生活污水处理设施建设滞后依然是农村人居环境建设中的一个短板。

三是防汛抗旱基础依然薄弱。水库多为中小水库，数量多、库容小是典型特征，保水抗旱能力亟待加强，水库数量为全国的6.5%，库容量却仅占全国水库总库容的2.44%（220.7亿立方米），居全国第16位（见图4和图5）；骨干河道防洪综合治理依然存在短板，河道综合整治水平与综合流域防洪治污能力亟待提升。

四是水利信息化建设迟滞。水文水资源的监测预警、水利工程河湖监控能力的信息化建设水平较低，水利综合监测预警体系亟待完善，水利工程调度管理以及行业监管的信息化应用存在短板甚至盲区，“智慧水利”建设仍然在路上。

（六）新型基础设施建设尚未整体步入快车道

一是5G基站明显滞后于广东、浙江等地。由于5G基站由通信运营商建设并运营，其建设速度与目标并不完全取决于地方政府，在一定程度上有赖于地方政府与通信运营商协商与配合。二是人工智能产业全国引领不足。人工智能产业链的全国辐射与带动乏力，人工智能岛建设尚处于规划编制阶段。三是工业互联网节点层级较低。济南仅为二级节点，二级节点是标识解析体系面向企业和应用提供服务的入口；青岛国家级工业互联网平台应用创新体验中心尚在建设中，“世界工业互联网之都”建设任重道远。四是数据中心的头雁效应尚未形成，缺少具有全国影响力的数据中心，如全国性社会化大数据中心、国家级行业数据中心等。

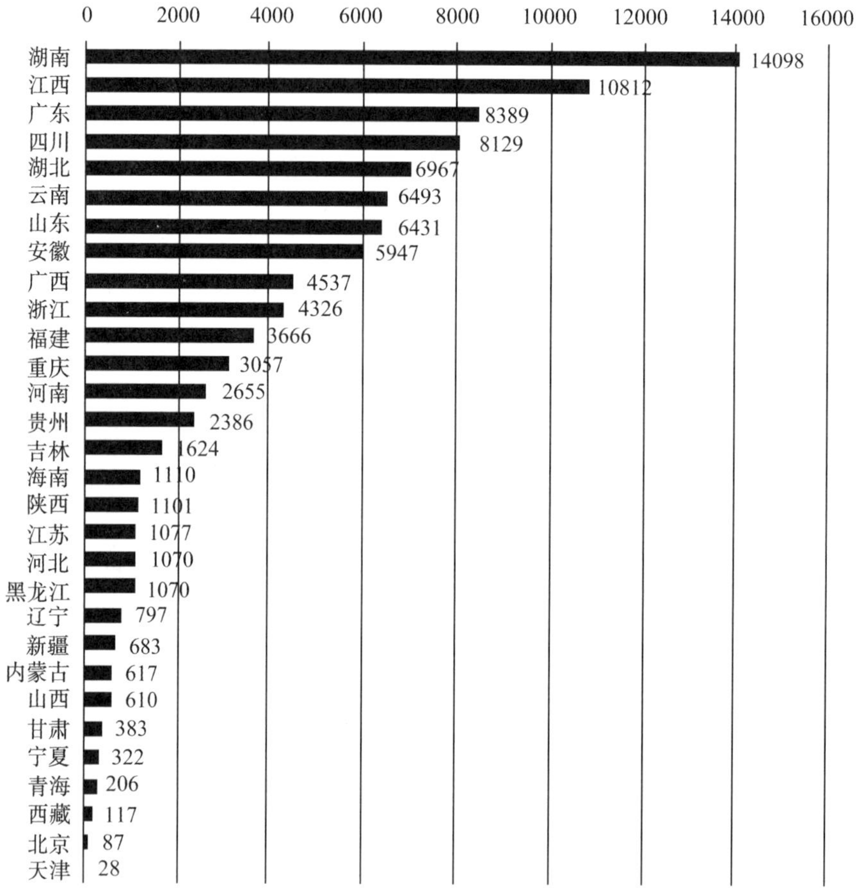

注：不包含上海数据。

图 4　2017 年我国各个省份水库数量分布（座）

资料来源：国家统计局。

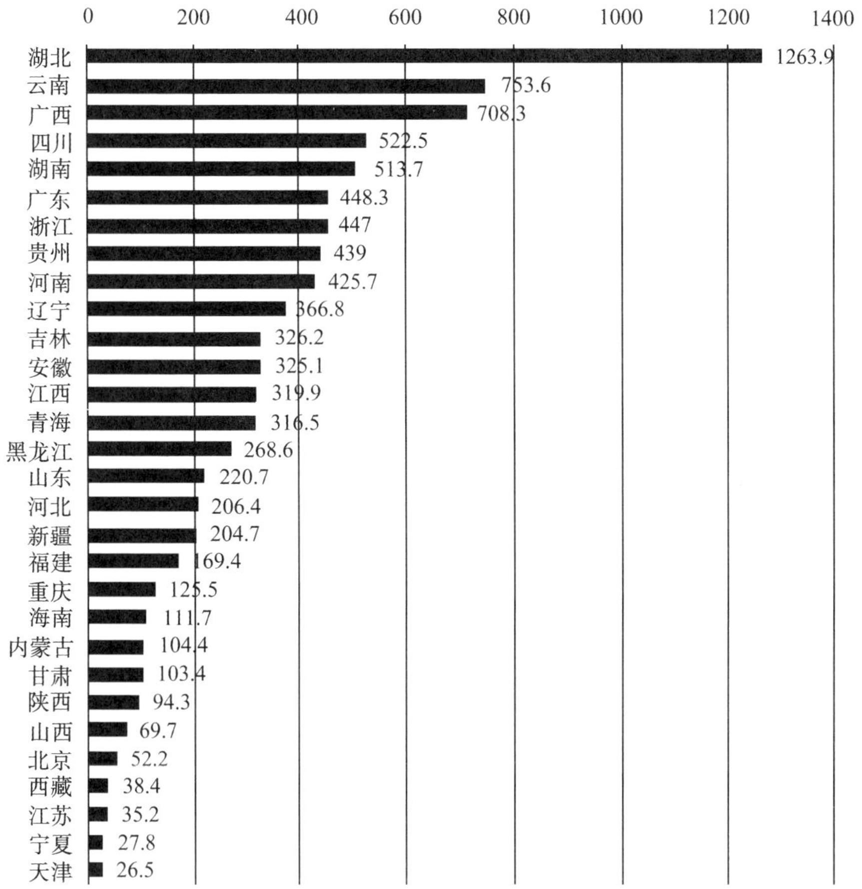

注：不包含上海数据。

图 5 2017 年各省市区水库及库容（亿立方米）分布

资料来源：国家统计局。

三、山东省“强基建”的政策建议

一直以来，基础设施投资是实现经济快速持续增长的重要推动力。打造“枢纽”始终是基础设施建设的重中之重，围绕“枢纽”建设广开外部通道、畅通内部通道是基本的建设规律，依托通道建设和枢纽建设助力山东经济再次腾飞，需践行超前战略着力打造“高铁上的山东”，以烟大联通为突破实施大通道提升战略，高度重视重大科技基础设施和服务平台，建设优化政府服务以推动运营建设模式转变，以超常规手段推进新型基础设施建设。

(一)践行超前战略着力打造“高铁上的山东”

一要旗帜鲜明地建设“高铁上的山东”。高标准推进“市市通高铁”,及早谋划原250km/h高铁线路升格改建,加快推进市域间城际铁路提升完善工程,加密半岛城市群高铁格网;尽快启动并全速推进“县县通高铁”战略,推动县市融合发展。二要完善多式联运及提升服务能级。完善长途客运、轨道交通、地面公交、出租汽车、静态交通等配套设施,打造全国一流的综合性智能驾驶和智慧交通创新试验示范基地;加快突破城际铁路与城市交通的无缝衔接,在青岛、济南、烟台等城市率先推进小站高铁,对于客流密集的城际高铁探索“高地联运”。①三要加密与国家大动脉(如京沪线、京九客专、京沪二线等)相连的高铁格网建设,持续优化高铁网络通达性。

(二)以烟大联通为突破实施大通道提升战略

要坚定不移地推进综合交通运输枢纽建设,锚定“纵贯南北、共舞东北亚”的核心枢纽建设,加快国际空运、海运航线拓展和高铁大通道建设,着力贯通山东与东北地区的快速通道,释放南北融合发展新动能。

一要重点突破与东北的大通道建设。千方百计推动大连与烟台之间的海底隧道(或跨海大桥)建设,一方面,为东北振兴建立南北合作快速通道,促进南北融合发展;另一方面,推动山东成为“纵贯南北”新枢纽,实现北方经济抱团发展。深化港铁联运,强化港口战略,推动港口群协作和特色港口建设,陆海共进推动向海大通道建设。二要重点推进济南、青岛等主要城市的对外快速通道建设。特别要全力推动青岛由交通末梢向交通枢纽转变,形成港口、机场、国铁、路网融为一体的大交通发展格局。三要重点加强青岛港东北亚国际航运综合枢纽建设。强化青岛胶东国际机场的区域性航空枢纽地位,推动六大国际机场组群发展,探索青岛免签入境144小时在国际机场所在城市推广,以沿海港口群和六大国际机场为主,谋划打造山东在东北亚等更大范围的陆海空立体交通大通道。

(三)高度重视重大科技基础设施和服务平台建设

重大科技基础设施是突破国家经济社会可持续发展和国家安全许多“瓶

---

① 高地联运指高铁与地铁换乘无缝衔接,地铁与高铁换乘如同地铁同站换乘一样便捷,且不用花太长时间等候。

颈”制约的利器，也是引领区域经济高质量发展和凝聚形成产业集群、开辟新的经济增长点的发动机。随着创新驱动发展战略深入实施，区域经济发展韧劲与后力越来越依赖于重大科技基础设施和服务平台。一要优先布局关键技术领域的基础研究创新载体和多层次的重大科技基础设施，加快重大科技基础设施统筹布局。在轨道交通、海洋装备、智能制造、绿色化工、高分子材料、高性能计算集群等领域布局一批重大科技基础设施和科技攻关平台，大力支持济南云计算、量子通信等检测能力建设。二要打造“海洋强省”检验检测国家创新基地，以青岛国家海洋装备质检中心、威海国家海产品检验检测中心为龙头。三要战略布局“软性”基础设施，推进服务平台建设。以深圳为标杆尽快启动一系列生产性公共服务平台建设，重点推进工业互联网服务平台建设。

（四）优化政府服务以推动运营建设模式转变

一要加快推动政府职能由基础设施的建设者转向建设推动者和参与者。通过优惠政策的制定、财政杠杆的使用和市场机制的运用，引导更多社会资本流向经济社会发展急需的基础设施建设领域。二要加快推动政府职能由基础设施的运营者和管理者转向服务者和监管者。政府主要精力放到完善政策、制定规划、提供服务和加强监管上来，进一步加大市场开放力度，凡法律、行政法规未禁止或限制的行业，支持和鼓励社会资本以独资、合资、特许经营等方式参与建设及运营。三要将基础设施服务纳入政府购买公共服务的范围。搭建购买公共服务的平台，促进基础设施建设与运营的市场化运作、专业化管理、产业化经营。

（五）以超常规手段推进新型基础设施建设

一要以超常规手段推进新型基础设施建设，特别是5G网络部署、人工智能、工业互联网和综合数据中心。二要全力推进重大科技基础设施。重大科技基础设施是衡量一个国家科技发展水平的重要标志，是推动国家科学和技术发展的“国之重器”，是实现重大科技创新、前沿技术引领、颠覆性技术创新的“国之利器”。三要进一步强化国际信息通信枢纽建设。完善国际海底光缆登陆站建设，提升济南国际互联网数据专用通道服务效能。

专题七　山东省营商环境现状评价及发展战略研究

进一步优化营商环境，建立营商环境评价体系，是推动经济高质量发展的迫切要求。习近平总书记指出，营商环境是企业生存发展的土壤，土质优劣直接关系市场主体活力和经济发展动力。打造良好的营商环境是建设现代化经济体系、促进高质量发展的重要基础。国务院常务会议多次强调，要把进一步优化营商环境作为促进高质量发展、应对复杂形势的重要举措。

投资环境就像空气，空气清新才能吸引更多外资。营造良好的营商环境是各国政府深化经济体制改革、吸引投资主体和促进经济发展的基本经验。世界银行多年研究显示，营商环境对一个国家或地区的经济增长速度、发展质量效益和发展可持续性具有决定性影响。党的十八大以来，各级党委政府把持续优化营商环境作为促进高质量发展、应对复杂形势的重要举措。各地区加大营商环境改革力度，以市场化、法治化、国际化为导向，连续推出了一系列创新性强、影响力大的改革举措，取得了显著成效。

一、山东省营商环境现状评价

2021年年底，山东省GDP总量位居全国第三，在商事制度改革和营商环境优化工作中取得了令人瞩目的进展和成效。山东市场主体总量逐渐增长并稳居全国第三，市场主体总量由2013年商事制度改革前的412.6万户发展到2022年6月的1385.4万户，年均增长14.4%。

（一）全省营商环境总体较为优良

近年来，山东全省坚持以“一次办好”改革为主线，以营商环境创新突破行动、政务服务“双全双百”工程为抓手，积极寻标对标国内最优水平，推出193项改革举措，构建“1＋18”政策体系，全力打造市场化、法治化、国际化营商环境，营商环境建设整体水平位列全国第一方阵。

2021 年 11 月，全国工商联“万家民营企业评营商环境”调查结果显示，在 31 个省级行政区（不包括香港特别行政区、澳门特别行政区和台湾省）中，山东连续两年入选营商环境最好十大省份（含直辖市），2021 年位列全国第 5 名，比 2020 年度前进一个位次。根据 2019 年 11 月全国工商联发布的《2019 年万家民营企业评价营商环境报告》，山东优化营商环境的做法和成效，在民营企业评价中获得充分肯定。一是法治政府建设持续推进，企业发展法治环境稳定好转，上海、浙江、山东、重庆、江苏、江西、福建、天津等地的法治环境较好。二是市场规范建设日臻完善，信用建设和市场监管取得阶段性成果，广东、上海、江苏、浙江、北京、山东、天津、福建等地的市场诚信环境较好。三是创新环境得到企业认可，上海、江苏、北京、浙江、广东、山东、天津、湖北等地的创新环境得到企业认可，创新氛围整体浓厚，上海、浙江、江苏、山东、天津等地表现较为出色。四是政府部门主动上门服务意识增强，政商关系清上加亲趋势明显。对政商关系满意度最高的 5 个省份分别是上海、浙江、重庆、山东和福建。从减税的普惠效果来看，企业对浙江、山东、江苏等省份的总体评价较高。

总体来看，山东营商环境处于全国中等偏上的位置，优于全国大多数城市，但是与北上广深等一线城市相比有一定差距。与粤港澳大湾区、长三角经济带、京津冀城市群相比，山东城市群在某些方面有独特的竞争力。

（二）主要城市营商环境有竞争力

根据国家发展改革委公布的 2020 年中国营商环境评价情况，25 个城市营商环境便利度高，市场主体获得感强，山东济南市、青岛市、济宁市、烟台市入选榜单。根据万博新经济研究院联合中国战略文化促进会、中国连锁经营协会、中国经济传媒协会、第一财经研究院于 2020 年 6 月共同发布的《后疫情时代中国城市营商环境指数评价报告（2020）》，在中国经济实力最强的 100 个城市中，营商环境指数排名前 20 的城市分别为上海、北京、深圳、广州、杭州、武汉、南京、天津、成都、苏州、厦门、长沙、青岛、合肥、西安、重庆、宁波、珠海、佛山、济南。山东青岛、济南分别居第 13 位、第 20 位。其他主要城市排名中，烟台居第 37 位，潍坊居第 43 位，淄博居第 48 位，威海居第 54 位，济宁居第 73 位，东营居第 76 位，泰安居第 81 位，滨州居第 83 位，聊城居第 90 位，枣庄居第 96 位，德州居第 97 位，菏泽居第 98 位（见表 1）。

表 1　主要城市营商环境指数排名

中国城市营商环境指数排名		全国经济总量前 100 位城市营商环境指数排名		中国城市群营商环境指数排名		五个计划单列市营商环境排名	
排名	城市	山东城市	排名	排名	城市群	排名	城市
1	上海	烟台	37	1	珠三角	1	深圳
2	北京	潍坊	43	2	长三角	2	青岛
3	深圳	淄博	48	3	山东半岛	3	宁波
4	广州	威海	54	4	海峡西岸	4	厦门
5	杭州	济宁	73	5	京津冀	5	大连
6	武汉	东营	76	6	长江中游		
7	南京	泰安	81	7	中原		
8	天津	滨州	83				
9	成都	聊城	90				
10	苏州	枣庄	96				
13	青岛	德州	97				
20	济南	菏泽	98				

根据 2020 年中国城市群营商环境指数评价结果，珠江三角洲和长江三角洲城市群位列营商环境排名第一梯队；第二梯队是山东半岛、海峡西岸和京津冀；第三梯队是长江中游、中原城市群。山东半岛城市群具有良好的工业产业基础，综合交通网络较为发达，人均基础设施环境排名居首。

在五个计划单列市中，城市营商环境指数和软环境指数排名，深圳、青岛和宁波排名靠前，厦门、大连相对落后。其中，深圳的营商环境指数、软环境指数和硬环境指数均位列第一，二级指标中基础设施环境、人才环境、技术创新环境、文化环境、金融环境也居于首位。

（三）城市信用体系建设较为完善

近年来，山东省委、省政府围绕打造“信用山东”大力推进政务诚信、商务诚信、社会诚信和司法公信建设，切实提高全社会诚信意识和信用水平，社会信用法规制度体系进一步健全，覆盖全省的公共信用信息平台和网站集群建设进一步完善，守信联合激励和失信联合惩戒制度进一步深入，城市信用体系建设进一步推开，全省社会信用体系建设取得重要阶段性成果。

根据国家发展改革委、国家公共信用信息中心在“信用中国”网站发布的2022年第6期全国城市综合信用指数排名，济南和青岛在36个副省级以上城市中分别排第5位和第15位。在2022年第7期261个地级市综合信用指数排名中，山东多个城市进入前50名，其中日照排第3位、烟台排第9位、潍坊排第12位、聊城排第14位、济宁排第15位、威海排第25位、枣庄排第32位、淄博排第34位、泰安排第35位、德州排第43位。总体来看，山东省大部分城市社会信用体系建设在全国处于领先水平，为经济社会发展和社会治理提供了重要制度保障，对规范市场秩序、营造优良信用环境、促进社会发展与文明进步具有重要意义。

（四）网上政务服务能力有待提升

2021年5月，中央党校（国家行政学院）电子政务研究中心组织编撰的《省级政府和重点城市一体化政务服务能力调查评估报告（2021）》显示，2020年我国省级政府一体化政务服务能力总体指数排名前十的地区分别为上海/浙江/广东（并列，地区按照行政区划排序，下同）、北京/江苏（并列）、贵州、安徽、四川、福建、湖北、河南、河北、江西/重庆（并列），山东省在31个省（区、市）中排第17位。

2020年，我国重点城市一体化政务服务能力总体指数排名前十的城市分别为深圳、广州/南京/杭州（并列）、宁波、合肥、青岛、武汉/哈尔滨（并列）、南昌、成都/福州（并列）、长沙、郑州，山东青岛在重点城市中排第7位。

总体来看，山东省一体化政务服务能力与先进地区有一定差距，但是青岛等重点城市走在全国前列，有望带动全省一体化政务服务能力的提升。

（五）政务公开度、政府透明度较高

在政务公开度方面，山东省持续推动政务信息向透明化、科学化迈进，一直走在全国前列，根据第三方评议结果，山东省政府2017—2019年连续三年获得中国政府政务公开“金秤砣奖”。

在政府透明度方面，根据中国社会科学院2019年3月发布的《中国政府透

明度指数报告(2018)》,省级政府政务公开排在前十位的为安徽、北京、上海、贵州、四川、山东、宁夏、天津、云南、海南(见表2),山东全国排第6位。

表2　中国政府透明度指数评估排名前十位(省级政府)

排名	省级政府	决策公开(20%)	管理服务公开(25%)	执行和结果公开(25%)	政策解读与回应关切(20%)	依申请公开(10%)	总分(满分100分)
1	安徽	88.56	64.16	77.00	100.00	97.50	82.75
2	北京	92.64	78.00	60.63	83.90	100.00	79.96
3	上海	63.76	71.42	86.00	86.00	100.00	79.31
4	贵州	83.68	75.10	72.63	86.00	87.50	79.05
5	四川	64.80	81.19	65.63	95.80	96.00	78.42
6	山东	64.60	81.48	73.50	83.90	100.00	77.84
7	宁夏	76.00	79.89	69.13	77.60	95.00	77.47
8	天津	64.80	85.63	74.13	73.40	96.00	77.18
9	云南	47.68	83.96	78.13	83.90	87.50	75.59
10	海南	63.76	61.83	69.13	100.00	97.50	75.24

二、先进地区优化营商环境的经验借鉴

近年来,各地方、各部门深入贯彻习近平新时代中国特色社会主义经济思想,坚持新发展理念,持续深化放管服改革,优化政务服务,提升审批事项办理效率和便捷度,降低企业生产经营成本,为市场主体营造创新创业、干事创业的良好环境氛围和外部条件,为打造国际一流营商环境积累了宝贵经验。

(一)简化审批事项流程环节

北京为便利企业注册开办,遵循“能整合的尽量整合,不能整合的全面提速”原则,使企业开办环节由之前的7个减少为2个,办理周期从24天缩短到5天。

深圳持续深化商事制度改革,全面开展商事登记后置审批分类改革,解决“准入不准营”问题,前置审批事项从69项削减到11项。深化“多证合一”改革,在国家要求的“二十四证合一”的基础上提升至“三十证合一”。

上海实行用工社保登记“二合一”改革,将原来用工登记和社保登记的两个

环节合并为就业参保登记一个环节，并支持企业在线上一次性办结，改革后，企业就业参保登记网上办理率超过九成。

还有部分地区通过将审批改备案或实行告知承诺制，精简行政审批手续，行简政之道，除烦苛之弊，大力优化营商环境，最大限度地激发市场主体活力。

（二）压缩审批事项办理时间

北京为提升企业设立登记效率，推出“名称自主预查”“经营范围规范化”“系统智能审批”以及落实容缺受理、网上办照等举措，大幅压缩营业执照办理时限，实现营业执照即日可领取。

江苏省政府推行“3550”改革，即 3 个工作日内完成新设立企业办理营业执照、刻制公章、开立银行账户、办理涉税等企业开办事项，5 个工作日内完成不动产登记，50 个工作日内完成工业建设项目施工许可。

（三）推进政务服务事项网上办理

北京全面建设数字北京和智慧政务，大力推广并联审批、在线办理、“一网办”、“一窗受理”等服务形式，实现让数据多跑路、群众少跑腿，使办事像“网购”一样方便。

在推动开办企业全程线上便捷办理方面，依托政务服务“e 窗通”平台，北京新开办企业可以在获得电子执照的同时免费获得一套包括法定名称章、发票专用章、财务专用章、合同专用章和法定代表人名章的电子印章，实现开办企业领域执照、印章、发票“三大件”电子化模式全覆盖。上海依托政务服务平台，建立了包括电子认证、电子签名、在线提交、在线审核、网上发照、电子归档在内的企业设立全程电子化登记系统，申请人可一表填报信息、一次提交数据，实现开办企业统一提交、一天批准、当天领取，最快两天可营业。

在推动施工许可证网上办理方面，北京实行建筑工程施工许可证在线申报、限时审批、在线发证，申请人全程线上办理，一次不用跑；上海依托政务服务平台，建筑工程施工许可证实行网上申请和在线上传资料，主管部门网上受理审核，并核发电子施工许可证，企业可在网上下载、打印使用。

（四）降低企业生产经营成本

深圳通过全方位降低企业生产成本，营造成本适宜的经营环境，先后出台“降低实体经济成本 28 条”、实施减税降费等举措，降低企业用地、用房、用工、用电、物流、融资、税费等成本。

上海市税务局通过建立“网上、掌上、线上、线下”智能咨询系统、推送红利账单、便捷电子退税等举措，切实将国家的政策“红包”快速便捷地送达企业纳税人，2020年全年新增减税降费超过500亿元。

成都在全面落实国家、四川省系列惠企政策的基础上，立足本地实际，出台了“助企健康发展30条”，及时落实税费优惠政策，优化纳税服务手段，降低企业生产经营成本，全力帮助市场主体稳定健康发展。

（五）完善监管与信用激励惩戒体系

北京利用市场监管“风险洞察”平台，广泛汇聚企业注册登记、消费者维权、商标、行政执法案件等市场监管系统数据，同时整合交通、环保、公安等部门数据，建立形成企业“全景画像”和企业经营行为关系网络，实施精准监管、智慧监管，营造了良好的市场秩序。

深圳和苏州等地政府着力构建以信用为核心的市场监管体系，建立起了企事业单位、社会组织及个人的信用信息库和统一的公共信用信息管理系统，全面归集法人和自然人信用信息。工作中，注重运用信用大数据在环保、工程建设、政府采购等诸多领域落实信用评价和分类监管，有力地激励和提升了各类企业遵纪守法、守信经营的自觉性和主动性。

（六）营造创新创业的环境氛围

长三角和珠三角地区注重营造创新创业的环境氛围，有着理念超前、求新求变、敢为人先的特点。一是敢为天下先，敢想敢试、敢闯敢干。广东省从建立产业园区到培育发展优势产业，从培育新产业新业态到构建新体制新机制，从“最多跑一次”改革到不见面审批服务，无不体现着勇立潮头、革故鼎新的创新创造精神。二是聚焦高层次创新要素，持续放大创新效应。江苏省、安徽省合肥市等地持续加大创新投入，把创新发展作为打造高端制造业强省、高质量发展强省的根本动力。三是持续推进市场化改革，发挥市场在资源配置中的决定性作用。浙江省各级政府注重充分发挥推动市场、服务市场的突出作用，市场这只“无形之手”和政府这只“有形之手”相辅相成、相得益彰。政府注重把打造良好的营商环境作为自身的首要职责，形成了激发全社会创造力充分涌流的良好局面。

（七）改革完善政府绩效考核制度

广东省惠州市惠阳区推行“25＋N表格化捆绑式”绩效考核办法，遴选“25＋”项重点工作，分别对条块部门赋权重进行精准考核，着眼于全区的整体利益和长远可持续发展，实现对全区经济社会发展重点工作考核评价的全覆盖。为保证落实绩效考核责任，惠阳区实行全过程跟踪督查，及时处理和纠正工作中的问题。同时，强化对考评结果的运用，将考评结果与单位评先评优、基层财政收益分成、干部选拔任用等挂钩，充分体现奖优、治庸、罚劣的作用。此外，杭州市、广州市、兰州市等地政府也在绩效考核领域进行了探索和改革，极大地激发了干部队伍干事创业、担当作为的积极性和主动性。

三、山东省营商环境的不足及原因分析

山东省在取得优异成绩的同时面临如何进一步优化营商环境的问题，虽然近几年山东省大幅放宽市场准入，积极改善营商环境，降低了市场主体与政府打交道的成本，但其对小微企业的作用不太明显，市场主体普遍认为营商环境的改善对其经营并未产生太多积极影响，与国内先进地区相比，仍有较大的提升空间。

（一）“官本位”思想浓厚，人情关系至上

对政务环境、商务环境影响最大的，是背后的文化环境，山东优化营商环境要着重破除“官本位”思想，山东受传统思想观念的影响比较重，重官轻商，“官本位”思想浓厚，人们普遍推崇“学而优则仕”。一些干部不尊重企业和商业，不重视保护企业家精神，工作避重就轻，习惯报喜不报忧，谈成绩夸夸其谈，但对问题和缺点轻描淡写。有的干部法治意识、服务意识淡薄，甚至与中介组织利益勾连，严重损害了营商环境。

（二）市场化创新创业精神不足

与南方发达地区相比，山东的市场化创新创业精神不足。自古以来，南方因移民而兴，商贸立业，敢于创业，热衷于商海，做生意按市场原则办事，形成了良好的营商环境。循规蹈矩、偏于保守是山东的总体特点。北方人就业更偏好“体制内”，南方敢拼敢闯的年轻人多，愿意自主创业。南方是“法无禁止即可为”，只要法律法规没有明确禁止，就大胆干大胆闯，北方很多地方是“法无授权

不可为”“没有成例不敢为”，只要是法律法规没有规定的一律否决，创新意识不强，就怕触雷踩线，热衷于不干事不出事，错失了大量发展机遇。

（三）政务服务效率和质量不高

一是“放管服”改革还未完全到位，简政放权不彻底。放权数量虽然不少，但质量不高；行政审批仍然环节多、程序繁、时间长。二是电子政务发展滞后，部门条块分割、各自为战，信息孤岛现象突出。三是一些部门对新技术、新产业、新业态、新模式研究不够，习惯用老办法对待新事物，缺乏包容审慎的态度和主动服务的自觉性。四是服务企业质量差。重审批轻服务，发展平台功能弱，创新创业环境差。

（四）部分干部不作为、慢作为、乱作为

根据2018年中央第七巡视组巡视山东的问题反馈，山东一些领导干部“官本位”思想根深蒂固，选人用人上存在跑官要官、裙带关系问题；干部监督管理不够严实，一些基层党组织软弱涣散；“四风”问题仍然比较突出，违反中央八项规定精神问题依然多发，有的领导干部不担当、不作为、慢作为、假作为、乱作为；新官不理旧账，对企业的承诺不兑现，向企业乱检查、乱摊派、乱伸手等问题还时有发生。全面从严治党“两个责任”落实不够有力，“软”问责多、“硬”问责少，群众身边的“微腐败”问题仍然存在，个别地方还比较严重。

（五）高端优秀人才吸引力不足

近年来山东人口流出量总体大于流入量，特别是青年人才和高端人才流出量远远高于流入量。调查显示，“十三五”期间，山东省人口净流出高达89.31万人，成为全国人口流失率最高的省份。高端人才流失现状同样令人担忧，据统计，山东籍在外省工作院士数量（107人）远大于驻鲁院士数量（48人），高端人才与“四青”人才也存在类似情况。

四、优化山东省营商环境的发展战略

根据山东营商环境的突出问题及与先进地区的差距，我们建议从促进创新创业、落实考评奖惩、深化“放管服”改革、提升服务质量水平、加大人才引进力度等方面进一步优化营商环境。

（一）营造有利于创新创业的市场环境

在全社会培育创新创造、尊重企业家的土壤，强化尊商重商的理念，提高企业家的地位，培育企业家精神。营造尊重企业和企业家的文化氛围，在充分发挥市场在资源配置中的决定性作用的同时播撒好“阳光雨露”，促进民营企业和市场主体“茁壮成长”。政府既要当好“店小二”，又要当好“急郎中”，做到“企业需要时，政府无处不在；企业不需要时，政府无故不扰”。进一步营造提升企业家信心的环境，探索建立政商关系“亲”和“清”机制，制定政商交往“正面清单”和“负面清单”，划清“安全区”，鼓励干部服务企业、与企业家正常交往。

（二）以精准考核为突破口强化干部激励

学习全国各地干部绩效考核的先进经验，以精准评价干部绩效为突破口治理不作为、乱作为问题；与长三角、珠三角建立常态化的干部交流合作机制，全面学习发达地区的理念和经验。以精准考核评价官员为突破口，将干与不干、干多干少、干好干坏区分开来。以落实中长期规划和年度重点工作为导向，科学确定政府绩效考核目标和工作任务；通过“捆绑考核”，解决条块分割、权责分离问题；充分运用考核结果，增强政府官员的正激励和负激励；同时，完善容错免责机制，保护那些敢于负责、敢于担当作为的干部，让官员敢作为、想作为，形成激浊扬清、干事创业的良好政治生态。

（三）深化“放管服”改革，激发市场活力

以深化“一次办好”改革为统领，推进“放管服”改革，加快政府职能转变。以建设服务型政府、进一步提升服务水平为改革核心，进一步突出政府职能转变，强化企业市场主体地位，创新行政管理方式方法，以先进地区的优秀做法为榜样，以世界银行“企业营商环境指标”对各市开展营商环境质量综合评价，倒逼环境改善。围绕企业开办建设、经营管理的全流程，制定优化营商环境改革措施，针对投资项目报建、监管、验收等关键领域和环节，积极探索企业投资项目承诺制改革，简化审批流程，分类分步推进改革，实行项目审批流程再造，放宽市场准入条件，激发各类市场主体活力，促进建设经营要素自由流动，减轻企业负担，努力构建审批少、流程优、效率高、服务好、可预期的良好营商环境。持续深入推进“放管服”改革，创新方式方法，完善并联审批工作机制，加速审批流程优化和再造。

(四)全面提升为企为民服务质量和水平

建设以服务为导向的“数字政府”,提升政务服务质量和水平。全面加快“互联网+政务服务”成果转化工作,增强信息化基础支撑作用,加快构建完善一体化在线政务服务平台,打通各层级、各领域数据壁垒,实现政务资源、审批信息互联互通、及时共享。积极推动审批工作流程优化和再造,依托政务服务云平台,开发网上办事专栏,整合现有网上申报、并联审批等政务系统,推行智能手机App办理、智能自助终端办理、政府门户网站统一办理等,方便企业和群众办事,落实公共服务、行政审批事项自由选择权。同时,要整合政务服务窗口职能,增加窗口服务人员,提高人员素质,打造一个窗口统一受理,一次提交、一套材料全程跟踪办理的新型服务模式,避免企业和群众来回跑、反复跑,切实提高窗口服务质量。

(五)打造高端人才引进集聚的平台高地

高度重视人才引进,千方百计吸引人才集聚。围绕山东新旧动能转换、乡村振兴、海洋强省等重大战略,突出“高精尖缺”导向,重点引进山东经济社会各重点领域急需紧缺人才。打造一批高层次创新创业平台,为高层次柔性引才项目提供资金支持,支持用人单位设立“人才飞地”,柔性引进急需紧缺人才。全面学习深圳、杭州等先进城市的人才政策体系,增加人才引进和高端技能型人才培育的财政投入,创新人才引进和管理的工作机制,完善人才落户、居住、就医、子女教育等民生服务配套措施,营造便利化、高品质的宜居环境。

第四部分 高层对话

对话一　率先放开户籍　打造城乡融合“齐鲁样板”

马晓河，中国城乡二元结构改革的推动者之一，新时期主张改革需要顶层设计的主要代表人物。中国宏观经济研究院原副院长、研究员，中国人民大学中国经济改革与发展研究院常务副院长，教授、博士生导师。中共中央第十七届政治局集体学习讲解专家，多次参加中共中央、国务院文件起草工作，1993 年开始享受国务院政府特殊津贴，2004 年成为中央直接掌握联系的高级专家。

主要观点

1.山东打造乡村振兴“齐鲁样板”存在的突出问题：一是农村优先发展体现不够，二是基础设施补短板不够，三是公共服务需要加强，四是城乡消费、收入差距较大。

2.推进城乡融合发展，应重点把握两点：一是率先放宽放开外来人口落户城市的限制；二是遵循“上建群、中构圈、下强底、下扩底”原则，实施新的城镇化发展战略。

3.在财政支农方面，一要做加法，稳步增大财政支持力度；二要尽快归并整合各类涉农资金；三要将惠农建设项目的决定权交给农民；四要在进一步确定产权的基础上积极撬动社会资本。

4.山东应率先推进 12 年义务教育；职业农民培训方面，要注重提高农民职业技能、扩大培训面和受训群体；放开农民进城政策后，一要注重保障农民权益，二要及时配套各项社会保障。

对话内容

对话小组：按照习近平总书记提出的“打造乡村振兴齐鲁样板”的总要求和期望，在您看来，山东在乡村产业振兴、乡村人才振兴、乡村文化振兴、乡村生态振兴、乡村组织振兴方面有哪些可复制可推广的好经验好做法？

马晓河：近年来，山东的乡村振兴确实作出了不少成绩，主要体现在八个方面：一是规划先行，乡村振兴“1＋1＋5”政策规划体系搭建起推进乡村振兴的“四梁八柱”；二是注重发挥典型示范引领作用，搭建了一批乡村振兴典型示范平台，做好“点、线、片、面”结合文章，带动实现整体提升；三是采用政府引导基金的形式撬动社会资本支持乡村振兴发展；四是以全面振兴为主线，走好产业富农之路、人才助农之路、文化兴农之路、生态惠农之路、组织强农之路；五是强化产业引领，实施乡村产业平台构筑、融合推进、绿色发展、创新驱动、主体培育、支撑保障等六大行动，着力打造农业产业化升级版；六是把粮食安全和农民增收放在重要位置，2013—2018 年，山东农民收入在全国始终排在前八位；七是把乡村振兴与脱贫攻坚相结合，积极探索脱贫攻坚与乡村振兴相衔接，以脱贫攻坚促进乡村振兴，以乡村振兴巩固脱贫攻坚；八是向改革要动力，实现资源向重点项目集中、项目向重点区域集聚。

对话小组：按照党的十九大提出的战略方向，山东在推进乡村产业振兴、乡村人才振兴、乡村文化振兴、乡村生态振兴、乡村组织振兴面临的突出问题及主要原因是什么？

马晓河：突出问题体现在四个方面。一是农村优先发展体现不够。乡村振兴战略的一个核心就是农业农村在今后要优先发展，背景就是我国要在下一阶段走向高收入国家行列并迈向现代化；成为高收入国家的核心问题就是农业现代化，发展不平衡、不充分的问题在农业农村最为突出，中央提出深化改革就是要从体制机制及政策制定方面推动农村优先发展，山东在这一方面政策体现不够。二是基础设施补短板不够。虽然山东的基础设施领先于西北地区，并相继建成一批重大基础设施，但相比于江苏、浙江等地依然有较大差距，且基础设施向农村倾斜力度不够。三是公共服务需要加强。教育、文化、社会保障等方面的投入不足，以最能反映区域公共服务均等化水平的基础养老金（2019 年标准）为例，山东 60 岁以上老人 118 元/月的标准仅相当于中西部地区的水平，远低于上海的 1010 元/月、北京的 800 元/月和天津的 307 元/月，可见其公共服务水平还不够。四是城乡消费、收入差距较大。2013—2018 年，尽管山东城乡收入、消费的相对差距在缩小(收入差距由2.52倍缩小至2.43倍,消费差距由2.42倍缩小至2.22倍),但绝对差距仍在持续扩大,2013年城乡收入差距是16195元,2018年已扩大至23250元,五年间差距扩大超过7000元;消费差距从2013年的9760元扩大到2018年的13526元,五年间差距扩大超3500元。可见城乡差距呈现持续扩大态势。

对话小组:乡村振兴与城镇化建设是城乡融合发展的重要内容,按照党的十九大提出的战略方向,山东在推进城乡融合发展过程中面临的突出问题是什么?

马晓河:城镇化是城乡融合的重要方面,一个经济体要实现从中高收入迈向高收入经济体,首要条件是建立市民化的社会结构,发达国家的城镇化率平均值在81%上下,山东在人均收入方面已接近发达经济体,相比而言其城镇化水平却要低很多。

整体而言,山东的城镇化建设还是走在全国前列的,2019年山东城镇化率为61.51%,高于全国平均水平。尽管有成就,但也不能回避其面临的主要问题。一是山东城镇化率低于世界平均水平。2019年,山东人均GDP按当年汇率折合为11525美元,已接近世界银行界定的高收入经济体门槛(12536美元),处于中高收入阶段的后期,全世界中高收入国家的城镇化率是66.35%,山东的城镇化率应高于这一水平。二是城镇化存在"虚高"成分,实际城镇化率要低于统计城镇化率。当前的城镇化率是基于常住人口的统计,并非基于常住户口的城镇化率,从某种意义来说,没有户口的城镇化是不充分的,其消费能力与消费结构并没有真正实现城镇化。全国实际城镇化率也就在55%左右,所以说山东当前的城镇化率虚高,实际上并未真正实现城镇化。

对话小组:您认为山东在推进城乡融合发展方面,下一步的思路和建议是什么?

马晓河:推进城乡融合发展,山东应重点把握两点。一是在政策上放宽放开外来人口落户城市的政策。放开主要城市的落户条件,真正实现中央的政策意愿——建成区在500万人口以下的都要逐步放开落户限制,山东要率先放开外来人口落户政策。二是要实施新的城镇化发展战略。遵循"上建群、中构圈、下强底、下扩底"的基本原则:上建群,即以城市群发展带动城镇化,大城市联动一批中等城市,辐射一批小城镇,推动基础设施平等化、产业一体化、公共服务均等化;中构圈,即以大城市为依托,建立若干个圈(经济圈),山东可建立两个圈——济南泰安圈和青岛烟台圈;下强底,即强化现有小城镇的发展,特别是基础设施、产业、公共服务等方面的配套能力，提高综合承载力；下扩底，即突破建制镇的约束，将2000人口及以上的行政村按城镇标准建设。

对话小组：您认为，山东乃至全国推进乡村振兴战略，下一步的工作重点和主要任务是什么？

马晓河：推进乡村振兴的工作重点包含六个方面：一是稳步推进农业现代化，推进产业融合发展，核心是保粮增收；二是强化乡村基础设施建设，提高城乡融合的基础条件；三是着重提高农村居民收入保障水平，为下一步城乡公共服务（教育、医疗、养老等）均等化提供条件；四是切实搞好生态建设，特别要维护好乡村生态环境，为创建美丽乡村积累条件；五是健全乡村治理体系，为进一步落实乡村振兴提供组织条件，核心是要建设好村级党支部和村委会；六是牢牢抓住人这一核心，充分发挥带头人与农村能人的示范、引领与带动作用，强化农民技能培训。

对话小组：很多地方在推进乡村振兴战略规划中安排了诸多工作任务且多数以财政投入为主，调研中发现，有的工作任务不切合农村实际且财政投入不可持续，您认为山东主要存在哪些方面的不足？乡村振兴的资金筹措机制如何设计？

马晓河：目前来看，山东的财政对乡村振兴的支持主要存在三个方面的问题：一是财政向农村优先发展投入不够，在资金投入上优先保障没有完全到位；二是多头投入问题尚未得到有效解决，涉农资金多头管理问题、使用分散等问题犹存，各级涉农资金归并整合力度不足；三是实际投入与农民需求有出入，部分财政投入并未切合农民实际需求。

从具体措施来看，应重点把握以下四个方面：一要做加法，要稳步增加财政对农村优先发展的支持力度；二要加快整合，理顺多头管理、使用分散的资金投入问题，尽快归并整合各类涉农资金；三要真正落实农民自己做主，财政支持项目应由农民依据实际情况来决定，将惠农建设项目的决定权交给农民，而非政府拍板决定，可以由第三方来建设；四要积极撬动社会资本，农村的一些基础设施，在确定产权的基础上，吸引社会资本参与建设。

对话小组：人口转移、城市化、空壳村是改革开放以来不断发生的事实，面向未来，您认为村庄应如何科学合理布局和规划？您如何看待山东及全国正在推进的“合村并居”工作？

马晓河：村庄的合理布局应以“上建群、中构圈、下强底、下扩底”为基础，对部分人口相对集中的村庄进行统一规划，并按小城镇标准进行建设和管理。

从实际效果来看，山东“合村并居”的做法存在诸多不妥之处。“合村并居”首先是农民自愿，其次要符合农业农村发展的基本规律，在当前阶段，许多农村居民生活离不开要养鸡养鸭，当农业农村现代化达到一定水平，“合村并居”就水到渠成了。相比于“合村并居”，当前更迫切的是要提高农民技能、提高农业现代化水平。

对话小组：您对山东加强乡村义务教育和职业农民培训、促进农村劳动力转移有何建议？

马晓河：山东应该率先推进 12 年义务教育。现在来看，高中辍学率呈现攀升态势，因此要加快普及高中教育，并过渡到免费高中教育，真正实现高中教育免费以后就要转为 12 年义务教育。

对于职业农民培训，首先要重点转向提高农民的农业技能，如养殖、种植、农产品加工等技能，以及互联网、物联网、数字化等现代技能，提高农业生产效率和农产品附加值；其次要提高农民补贴比例，扩大培训面和受训群体，尤其要加大青年农民的培训力度。

在促进农业劳动力转移方面，除了要放开农民进城政策，重点要把握两点：一是农民进城后的土地不能强制丢，且进城后的相应城镇社会保障要及时跟上；二是要构建一个农民进城的公共成本分摊机制。目前来看，农民进城的公共成本是“虚置”的，进城后的公共成本没人承担，保障房、就业、就医、入学、养老等方面均存在问题，建议基础教育、义务教育、大病救治、养老保险等成本由中央承担，便于劳动力在全国流动，其他的公共成本由地方政府承担。

对话小组：您认为山东应如何发展农业合作组织？

马晓河：推进农村合作组织发展要重点把握三个原则：一是自愿，要充分发挥农民的自主能动性，不能搞行政命令“一刀切”，只有自愿加入并积极组织才会有生命力；二是找准类型，对农业农村而言，如何抵御自然风险、市场风险，提高市场化组织能力是当务之急，应选择合适的类型（比如生产型、流通型、加工型等）推进；三要注重示范引领，不要强调全面，可以在经济发达地区示范先行，政府提供一部分示范典型进行探索，待培育成熟并建章立制后逐步推广。目前来看，农村的资金合作组织存在较大缺口，但政府对资金合作组织的准入限制审批要求严格，使得这类组织难以在农村扎根生长，农民经常面临融资无门的局面；销售合作组织的市场空间比较大，可以帮助农民解决信息不对称问题，畅通农产品销售渠道。

对话小组：促进农民增收，山东如何才能走在全国前列？

马晓河：之前也有提到，山东在促进农民增收方面已走在全国前列，但既有局面并不稳定，安徽等省份的追赶势头很强劲。因此，对于山东而言，要先稳局面，然后争取再进一步。具体到如何实现农民增收方面，一要大力发展高附加值农业，山东农业基础好，出口型农业业已形成一定的品牌效应，比如寿光农业；二要走产业融合道路，延伸农业产业链，集群发展农村产业，还要发展新业态；三要加速推进农业转移人口市民化，农民增收还要靠减少农民来实现，减少农业人口和从业人员，提高农业劳动率；四要加强政府转移，增加农民的转移性收入，补贴是农民增收的重要部分，在日本、韩国和我国台湾地区，农民有相当一部分收入来自转移性收入；五要探索增加农民的财产性收入，比如通过土地制度改革等推动农村宅基地入市，促进农村集体建设用地进入一级市场，实现同地同价同权同责。

对话二　以都市圈建设为抓手　培育转型发展新引擎

肖金成，国家发展改革委国土开发与地区经济研究所原所长、中国宏观经济研究院二级研究员，享受国务院“政府特殊津贴”专家；我国著名区域经济学家，兼任中国国土经济学会理事长、中国区域经济学会副会长，在区域发展理论与政策方面有突出贡献和重大影响。

主要观点

1.进入21世纪后，山东确实落后了，主要体现在经济结构转换迟滞，创新产业及信息产业等发展滞后。

2.对于山东来说，要淡化城市群，山东的城市还处于极化效应阶段，省会城市济南在全国省会城市中处于中等水平，青岛在沿海开放城市中也称不上实力雄厚，且近年来青岛的发展支撑趋于分散，缺乏聚焦，城市之间的合作动力不显著。

3.山东应着重以“两心”（济南和青岛）为核心，以150公里为半径规划建设都市圈，深化都市圈内城市的分工与合作，培育发展新动能，推进都市圈成为区域协调和城乡融合发展示范区。

4.经开区、高新区等产业平台建设不足是山东经济发展的主要短板，山东应以建设好产业平台作为完善营商环境的重要抓手，加快补短板、强弱项。

5.山东首先要推动山东半岛城市群与京津冀城市群联动发展，并推动其成为世界级城市群；其次要强调与长三角的合作，推动与长三角的功能互补；最后要加强省际交界地区合作，与日韩的城市共同建立黄海国际次区域合作区。

对话内容

对话小组：近年来，山东经济发展迟滞的现象备受关注，甚至引发"山东即将成为第二个东北"的讨论，能否谈谈您对山东发展的认识和看法？

肖金成：首先，山东在20世纪80年代抓住了非常重要的发展机遇——强化基础设施建设，当时正值姜春云主政山东（先后任省长、省委书记，后任中央政治局委员、国务院副总理、第九届全国人大常委会副委员长），20世纪80年代中后期到90年代末期，山东的基础设施领先于全国水平，高速公路四通八达，很多县都通了高速公路，这就促成了山东县域经济比较发达的良好局面。在此期间，山东不仅引领北方经济发展，还一度领跑全国，成为全国第二（仅次于广东）的经济大省，领先于江苏和浙江。其次，山东的开放也是领先的，这主要得益于山东与日韩合作的持续深化，尤其是烟台、潍坊等地持续深化与日韩的合作，山东的蔬菜等大量出口到日韩，很长一段时间，青岛的集装箱超过天津，这对当时的天津还是触动很大的。但从侧面来看，由蔬菜出口撑起的集装箱数量虽多，但附加值较低，难以比肩广东的家电。所以说，20世纪90年代，山东经济发展良好的局面得益于外资、外贸。最后，山东的发展还得益于国企改革比较成功，全国很多地方的国企改革是不成功的，有的地方甚至是失败的，国企改革的目标是搞活，不是搞死。山东的国企改制比较成功，一个显著标志是海信、海尔、青啤等企业发展势头很好，可以说那一时期的山东经济发展很迅猛，一下子就把河北拉下去一大截，使河北无法望其项背。

进入21世纪后，山东明显落后了，经济结构转换迟滞。在传统产业竞争日趋激烈的背景下，山东依然以传统产业为主，创新产业及信息产业等发展滞后，尽管农业、农产品加工、家电（海尔）等产业还可以，但并未形成强劲的发展动力，加之受"走出去"影响，之前的产业基础在一定程度被削弱了。对山东经济来说，企业"走出去"相当于产业转移出去了，但没有新的产业及时填补进来，容易形成产业空心化。长三角和珠三角则不同，它们通过产业转移实现"腾笼换鸟"，加速产业转型升级。山东没有跟上产业转型升级的步伐，以传统产业为主的经济结构受到很大冲击；还有一个重要原因就是日韩投向山东的外资非但没有增量，反而在收缩，给山东经济持续向好发展带来很大压力。

对话小组：山东省县域经济较为发达，省内发展相对平衡，但中心城市实力明显不足。您认为山东经济有哪些显著特征？

肖金成：首先，山东具有典型的羊群经济特征，县域经济比较发达，中心城市竞争力不是很强。我国有一位经济学家钟朋荣将江苏形容为斑马经济，指块头很大，中心城市与股份企业发展较好，企业规模较大，多数股份制企业均由乡镇企业转型而来，但竞争力略有不足；把浙江形容为小狗经济，企业多为私营企业，体量小但很有活力、动力、竞争力。这两个形容我很认同，不过对“小狗经济一定会战胜斑马经济”的结论不太认同。回到之前所说的山东羊群经济，其主要特征就是合群、差异小，但具有显著的同质性竞争，谁也做不大。其次，中心城市不突出，省会城市济南在全国省会城市中处于中等水平，青岛在沿海开放城市中也称不上实力雄厚。像烟台、潍坊、淄博、滨州、泰安、德州的城市规模都不大，首位度不高。

对话小组：一直以来，社会各界（包括山东）对青岛的发展寄予厚望，青岛经济也确实不断迈上新台阶，并于 2016 年实现地区生产总值（GDP）过万亿元，成为全国第 12 个 GDP 跨越万亿元的城市，但相较于青岛的初始条件和发展基础，其理应有更大的突破和突围，能否谈谈您对青岛发展的看法？

肖金成：青岛的区位特别好，向南是上海，向北是大连，但近年来，青岛的发展趋于分散，缺乏聚焦。首先来看西海岸新区，2014 年国务院批复设立青岛西海岸新区，陆域面积 2300 多平方公里，可以说是占地面积最大的国家级新区，体量大、发展空间大是其显著优势，但弊端也很明显，这么大的面积导致其基础设施难以到位，产业平台难以建设好，“大盘子”的西海岸新区反而有可能削弱青岛的发展。其次看董家口港，其定位为国家枢纽港青岛港的重要组成部分、国家大宗散货集散中心和重要的能源储运中心，建设投资巨大，但因毗邻日照而更像是日照的港口，相当于投资为日照建设基础设施了，对青岛自身经济发展的支撑作用并不显著。

对话小组：城市群是拓展发展空间、释放发展潜力的主要空间载体。您认为目前山东半岛城市群存在哪些明显的短板？又有哪些有利条件？

肖金成：20 世纪 90 年代，山东半岛城市群是很突出的，仅次于京津冀、长三角，但近年来明显滑坡。山东的城市不行，已成为一个基本认知。城市群是由城市组成的城市集合体，有分工与合作才能称之为“群”，城市不行的话，城市群也就不行，更难以有实质性的分工与合作。目前来看，山东的城市还处于极化效应阶段，城市之间的合作动力不显著，所以山东半岛城市群并未有很好的合作基础。

我认为经开区、高新区等产业平台建设不足是山东经济发展的主要短板，没有优良产业平台的支撑，将大量的资金投入城市建设并不可取，再靓丽的城市缺少产业平台也无法成为真正意义上的城市。可以说，过去近 10 年间，山东的产业平台建设实际上是削弱了。一个城市能够崛起，就要加大产业平台的投入，产业就会向中心城市集聚，才能提升竞争力，有了一定竞争力以后才会有辐射力。有利条件在于县域经济相对发达，区域差异较小，整体发展基础较好，能较好地实现区域协调发展。

此外，我的一个观点是，对于山东来说，城市群要淡化，山东半岛城市群的地位已经很低，成渝、长江中游、中原等城市群已赶超，山东应着重发展都市圈。

对话小组：2020 年 6 月 8 日，山东举行新闻发布会解读《贯彻落实中共中央、国务院关于建立更加有效的区域协调发展新机制的意见的实施方案》《关于加快省会经济圈一体化发展的指导意见》《关于加快胶东经济圈一体化发展的指导意见》《关于加快鲁南经济圈一体化发展的指导意见》，提出构建“一群两心三圈”的区域发展格局：“一群”即打造具有全球影响力的山东半岛城市群；“两心”即支持济南、青岛建设成为国家中心城市；“三圈”即推进省会、胶东、鲁南三大经济圈区域一体化发展。可见，山东尚未将都市圈列为重要发展目标。您认为山东在发展都市圈方面有哪些着力点？

肖金成：“三圈”是新一任领导班子发展思路的具体体现，有其重要现实意义，综合考虑了各地的发展诉求，但其面临的一个显著问题就是范围太广，“三圈”基本覆盖了全省省域，全面开花的局面可能反而会削弱其发展动力。之所以要提都市圈，是因为都市圈有基础、有核心，便于重点推进形成引领示范，进而深化都市圈内的分工与合作。

对于山东而言，应着重以“两心”（济南和青岛）为核心，以 150 公里为半径，重点推进都市圈建设。首先要做好济南都市圈（济南、德州、滨州、淄博、聊城、泰安），其次要做好青岛都市圈（青岛、日照、潍坊），这两个都市圈经济实力雄厚、规模相对较大，且中心城市具有较好的引领、辐射能力，人口规模均在 300 万人以上，能构成实质意义上的都市圈，从而有助于深化圈内城市之间的分工与合作。至于其他地方可以做城市圈，比如烟台各区和县市发展基础很好，可以单独规划建设一个城市圈，同时加强与济南都市圈和青岛都市圈的联动。

对话小组：目前山东省在区域竞争中明显“掉队”，迫切需要寻找突破困局的思路和抓手。您认为山东应着力解决哪些问题？

肖金成：山东的发展要着重解决营商环境问题。我的观点是，改变所有人的观念是不容易的，但改变一部分人的观念是容易的；改变所有地方是不容易的，但改变一个小地方是比较容易的。因此，山东要择其重点完善营商环境，而完善营商环境的一个重要方面就是建设好产业平台，特别要在青岛、济南、烟台、潍坊、淄博、滨州、德州、济宁、临沂、聊城、菏泽等地把产业平台建设好，比如建设经开区、高新区等。中央和国家层面高度重视产业平台建设，也先后出台了很多指导意见，但近年来产业平台建设在一定程度上被忽视了，各地争相建设美丽城市，城市地标拔地而起，耗费了大量的人力物力，老百姓的钱都被吸引到房地产上，这实际上削弱了产业竞争力。

第二个重要抓手就是产业平台建设，一定要把产业平台建设提上新高度，重点建设好既有产业平台，有了好平台才能实现产业集聚。平台建设要兼顾硬件和软件，硬件就是基础设施，“九通一平”，要加大投入，而不是面积大，动辄几百平方公里；软件就是高质量的服务、高水平的管理，政策优惠倒在其次。

对话小组：您认为山东在区域合作方面应做哪些工作？

肖金成：从山东自身发展来看，山东的区域合作首先要强调与京津冀的合作，京津冀既是市场也是依托，有助于使山东半岛城市群与京津冀城市群联动发展，将山东半岛城市群推动成为世界级城市群。其次要强调与长三角的合作，一是长三角发展动能很强劲，二是山东毗邻长三角且与其有诸多互补之处。再次要加强省际交界地区合作，主要着力点有三个：一是苏鲁豫皖四省交界地区，包含徐州、宿迁、连云港、临沂、枣庄、济宁、商丘、淮北、宿州等；二是晋冀鲁豫四省交界地区，包含聊城、菏泽、濮阳、安阳、邯郸、邢台、长治、晋城等，就是鲁西地区不仅要加强省内合作，也要向西开展区域合作；三是津冀鲁合作，即天津、沧州、滨州、德州的合作，如填平山东半岛与京津冀城市群的断裂带。最后要重点抓住与日韩的合作，围绕山东半岛、大连、天津，韩国釜山与仁川，日本福冈，推进黄海次区域合作。

对话小组：对于山东来讲，有没有可能借鉴发达地区的经验，或者说有没有一些超常规的手段可供山东借鉴？

肖金成：区域经济发展没有捷径可走。目前来看，产业平台建设是成效最为显著的路径选择，要从大处着眼、小处着手建设好产业平台。至于说上升为国家战略、得到高层重视，我认为这些都比较虚，更多的是给媒体提供题材，有助于形成良好的发展愿景，实际上对区域发展的作用并不是很显著。山东半岛蓝色经济区规划和黄河三角洲规划都是国务院批准的，山东新旧动能转换综合试验区也是国务院批复同意设立的，但效果目前还不明显，原因是范围太大，不聚焦，无合力。挂一个牌子比较容易，但只有变成发展的动力才能取得现实的效果。

对话小组：那您认为山东适合重点建设哪些类型的产业平台？

肖金成：我认为产业平台建设要从“负面清单”出发，明确哪些产业不适宜当地经济发展，只规定不能做的，至于做哪些，其实并不由政府说了算，而是由投资者来决定。对于山东而言，建设产业平台，首先要将既有的经济开发区和高新区建设好，这可能是重振山东经济的优选路径，也可以说是捷径。

对话小组：近年，各地为吸引人才纷纷出台人才引进政策，并积极举办创新创业大赛，2018 年，珠海横琴面向全球举办创新创业大赛，冠军奖励 1 亿元（简称“横琴奖”），这个奖励额度在全国来看也是前所未有的，在这一方面，山东可以借鉴哪些经验？

肖金成：我认为“横琴奖”模式不适合山东，巨额奖励一方面给当地财政带来很大压力，另一方面能不能带来显著的产业促进作用也有待商榷。实际上，山东要做的是努力把北京、天津的人才吸引过去，把北京、深圳的创新成果吸引过去落地转化。山东更应该学习深圳的经验，深圳依托优质的产业平台吸引了北京大量的人才和创新成果，奖金并不是深圳吸引人才的重要抓手，须知以产业平台为基础的产业发展环境才是招才引智的基石。此外，招才引智与创新成果引进不要拘泥于“为我所有”，一个基本立足点是：人才是不求所在但求所用，产业不求所有但求所在。高薪引进与巨额奖励引进并非上策，一方面会增加地方财政负担，另一方面如果一味地将人才引到山东、留在山东，而没有人才发挥作用的平台和环境，时间一长他们很容易被同化，容易被浓郁的“官本位”思想侵蚀。

对话三　山东应成为促进南北协调发展的战略支点和增长新引擎

王晓红，中国国际经济交流中心信息部副部长、教授、博士生导师，《全球化》副总编辑，长期从事国际贸易投资、服务经济等领域研究。主笔撰写的内参多次获得中央领导批示。个人专著及主持课题先后荣获省部级优秀科研成果奖5次。主持和参与国家部委、国家社科基金重大项目等课题50余项。

主要观点

1.山东经济呈现急速下行态势的主要原因是新旧动能转换迟滞，传统产业比重过高且转型升级较慢，新经济发展不足。

2.山东新旧动能转化的关键在于推动数字化建设、自主创新和发展民营经济，同时发挥优势大力发展服务外包。

3.山东应着力打造北方经济增长战略支点、增长新引擎。一要在环渤海经济带发挥作用，着力突破南北发展严重不均衡的困境，促进北方湾区发展；二要推动胶东半岛与东北振兴、京津冀协同发展、长三角一体化发展等国家战略联动，形成渤海黄海大湾区经济；三要促进黄海、渤海等沿海地区协同，促进中日韩合作。

4.烟台—大连跨海通道本质上是东北与山东的联动，有助于提升北方要素流动性及经济发展活力。“十四五”期间，山东要将烟大联通作为重要战略抓手提出来。

对话内容

对话小组：近年来山东在区域竞争中明显“掉队”，与发达省份的发展差距不断扩大。您认为主要原因是什么？

王晓红：首先表达一下我的基本观点。山东近年来呈现出的急速下行态势，主要原因在于其新旧动能转换迟滞，传统产业比重过高且转型升级较慢，新经济发展不足，以至于对经济的拉动作用不显著。我们观察到这么一个现象：新经济发展好的地方，特别是疫情之后，所受冲击相对较小，这些地方的经济在疫情之后快速复苏，而复苏的主要动力则来自以数字经济为支撑的新经济。其实，山东具有良好的发展基础，在过去将近 20 年的时间里长期处于领跑者地位，但近年来明显感觉到山东的数字经济发展滞后，软件园、服务外包、数字贸易等新业态、新模式明显不力。比如说济南，虽然新经济发展还不错，如齐鲁软件园有浪潮等大企业作为支撑，发展基础与动能还不错，但相比于长三角、珠三角等地，差距也是显而易见的。

从经济发展动能来看，新经济发展不足，往往意味着经济结构转换慢、企业主体中民营经济发展不足，毕竟新经济的主体大多为民营企业，且这一比例基本在 80%以上，由此可见山东的经济活跃度已然不足，下一步必须要下大力量调结构、发展新经济。

此外，山东在区位开放、产业经济等方面具有明显的发展优势，山东所具有的区位优势、环境优势都是东北无可比拟的，我认为山东的自然条件在全国也是非常好的，各城市发展及生活条件都不错，这就决定了山东具有良好的人才、产业优势。总的来说，山东如果发展好，至少应该可以和广东、江苏匹敌；从山东的发展基础和优势来看，至少应排在全国前列。

对话小组：山东的工业结构以化工、能源、冶金等重化工业为主，您认为山东传统行业转型升级的方向是什么？未来山东可以选择在哪些新兴产业领域重点突破？

王晓红：山东传统行业转型升级的方向首先要考虑数字经济，如大数据、云计算、人工智能等，这些对山东而言实际上是非常有基础的，制造业基础好，大量的制造业都是需要数字化改造的。从新一代信息技术与制造业融合发展视角来看，山东良好的信息产业发展优势，为其制造业智能化发展奠定了良好的基石。中国电子信息行业联合会发布的“2019 软件与信息技术服务综合竞争力百强企业”中，海尔居第 6 位、浪潮居第 6 位、海信居第 13 位，可以说这些企业不仅是山东推进数字经济的基础，而且也是山东提升制造业、发展工业互联网的强劲推力。比如时下发展迅速的5G，其应用场景其实就在行业，得益于山东良好的制造业基础，基于5G的行业应用及数字化转型的市场空间就十分广阔。

其次要大力发展服务外包。山东不仅有很好的发展基础，而且有得天独厚的发展优势。济南是第一批中国服务外包示范城市，青岛于2016年入围第二批中国服务外包示范城市。从公示的2018年度中国服务外包示范城市综合评价得分情况看，31个中国服务外包示范城市综合得分平均值为55.19分，青岛以58.38分居第6位，济南以58.24分居第8位。从公示的2018年度服务外包申请城市综合评价得分情况看，11个中国服务外包申请城市综合得分平均值为57.30分，烟台以68.64分居第2位。此外，山东拥有十分优质的开放载体，如自由贸易试验区、港口群、跨境电商综合试验区、中国—上海合作组织地方经贸合作示范区等，为其奠定了良好的开放基础。

再次要着力发展数字内容。山东有很好的数字内容基础，与日本、韩国在游戏、动画等方面有长期且深入的合作，应借力数字经济蓬勃发展的大环境，进一步深化数字内容服务。

最后就是海洋经济、旅游经济、会展经济、商贸物流等。辽阔的海域及全国领先的海岸线，为山东进一步深挖海洋经济奠定了无可比肩的优势；丰富的旅游资源以及宜人的气候，"四色"（红色、绿色、古色、蓝色）旅游资源为山东掘金旅游经济释放了新动能。此外，观光农业也是山东值得深入研究并大力推进的重要方向。

对话小组：山东新旧动能转换综合试验区是我国第一个以新旧动能转换为主题的综合试验区。您认为新旧动能转化的关键点是什么？

王晓红：关键要推动数字化建设，推动自主创新，推动民营经济。这三点非常重要，离其一不行。首先，没有数字化，就不可能转型成功，未来的时代发展一定是以数字经济为基础的，一定是数字经济驱动；其次，没有创新动能，没有基础创新，就不可能有新业态、新模式，新动能就无从谈起；最后，区域经济发展的活力取决于民营经济，民营经济不行，特别是新经济发展不足，经济活力就会明显不足。

最为关键的是，数字经济在疫情冲击下异军突起，呈现爆发式增长，引领工作方式、生活方式、消费方式变革，表现出强大的生命力，也成为对冲疫情影响、促进经济稳定增长的重要力量。发展数字经济不仅将为山东传统产业转型升级带来重大机遇，更将加速山东服务业转型升级。

对话小组：推动产业振兴、人才振兴、文化振兴、生态振兴、组织振兴，打造乡村振兴的齐鲁样板，是习近平总书记对山东提出的殷切期望，是中央赋予山东的重要使命。您认为山东“打造乡村振兴的齐鲁样板”具备哪些有利条件？应该重点从哪些领域突破？

王晓红：一定要围绕乡村振兴20字方针（产业兴旺、生态宜居、乡风文明、治理有效、生活富裕）下功夫。关键是要解决农民生活富裕问题，解决不了农民富裕问题就无从谈乡村振兴，那么首要问题就是要实现产业兴旺。如何实现产业兴旺？我认为山东有几个点是可以探索的。一是深入推进农业产业化，并加快发展观光农业，提升农业产业价值，可以参考台湾的观光农业。二是发展民俗旅游、乡村旅游，着力对乡村进行美化设计，农村完全可以做成生活化、艺术化的宜居宜业宜游之地，当前最大的问题就是乡村旅游过于粗放；在农家乐、乡村旅游方面，国家应该投入一些资金，比如民俗村建设有很大的发展空间，国家帮助农民设计和建设好，建设好农村服务体系，这个在当前发展阶段很重要；城市需要规划设计，农村同样也需要规划设计，可以对乡村旅游开展一些专业的培训，这些既可以给农民带来实惠，也能显著提升农业附加值。三是发挥乡镇企业作用，带动农民共同富裕，着力加强小城镇建设，但一定要结合乡镇企业，有产业才有就业机会。四是做实农业产业化、数字化（数字农业）、观光化，深入推进“农业＋观光旅游＋数字化＋产业化”，拓展农业产业链，形成农业的价值链闭环。

对话小组：山东县域经济较为发达，但中心城市实力明显不足。您认为山东应该如何处理县域经济和中心城市经济的关系？应该如何形成优势互补、高质量发展的省内区域经济布局？

王晓红：实际上要解决的就是组团式发展的问题，促进城市间分工协作，中心城市发挥辐射带动作用，促进周边城市联动发展。我主张一定要学习上海及长三角，比如昆山花桥金融服务外包基地就是通过与上海形成良性互动，成为国内首例金融外包领域地方标准。

中心城市济南和青岛的生活和生产成本相对于周边城市和地区较高，随着济南和青岛产业集聚程度的提高，将来不可避免地要向周边城市、县域布局，这时候县域经济与中心城市的互补效应将加速凸显。县里不仅能发展制造业，也能发展服务业，比如顺德广东工业设计城就是在一个县城里，借助珠三角地区良好的制造业基础，为珠三角提供工业设计服务，这就充分体现了分工与协作。所以一定要基于分工和协作来布局，也要基于资源禀赋和区位优势形成产业布局。城市组团发展，深化分工与协作要基于市场配置资源这一前提，不能由政府强行安排，要充分发挥企业和市场的作用，珠三角的产业布局基本都是由市场配置形成的。

对话小组：您认为山东在全国区域经济布局中具有哪些特殊角色？该如何确定在全国区域经济布局中的战略定位？

王晓红：山东在我国区域经济版图中应是浓墨重彩的一笔，长期以来山东都扮演着我国经济增长的重要引擎角色，只是近年来略显疲态。依据独特的区位优势，山东应作为北方经济增长战略支点、增长新引擎重点推进。一要在环渤海经济带发挥作用，连接京津冀、东北及江苏北部，着力突破南北发展严重不均衡的困境，促进北方湾区经济发展。二要推动胶东半岛、东北振兴及京津冀协同发展等国家战略联动，并连长三角，从而形成渤海黄海大湾区经济。三要打通黄海、渤海等沿海地区的协同，促进中日韩合作，或者至少推动中日、中韩双边合作。

对话小组：山东是连接东北腹地与东部沿海地区的重要节点区域。依托烟台—大连跨海通道建设联通东北和华东，对山东、东三省乃至北方发展有什么战略意义？

王晓红：烟台—大连跨海通道本质上就是东北与山东的联动，有助于提升北方要素流动性及经济发展活力，不仅可显著促进东北经济振兴发展，更可促进山东更深地融入国家发展战略，并将几大国家发展战略串联起来。

“十四五”期间，山东完全可以将烟大联通作为重要战略抓手提出来，况且烟大联通已具备较好的发展基础，前期研究也做得很充分。虽然之前很长一段时间内没有实质性推动，但目前来看，其条件越来越成熟，完全有可能作为一个国家发展战略推动东北与长三角之间的快速联通，进而促进要素高效流通，一方面可以有效提振东北经济，破解南北发展不平衡的困境；另一方面可以进一步凸显山东的区位优势，进而使其成为重要的链接枢纽和北方经济增长战略支点。

对话小组：与吴越文化、岭南文化相比，齐鲁文化的优点和不足是什么？对营商环境有什么影响？

王晓红：山东是著名的“孔孟之乡、礼仪之邦”，中华文明的重要发祥地之一，素有“一山一水一圣人”的美誉，由此可见山东文化的优点特别突出，甚至可称为中华文化的精髓，其中最为显著的是山东文化中蕴含深厚的诚信特征，这是营商环境建设十分重要的部分。但相比于珠三角的岭南文化和长三角的吴越文化，山东的齐鲁文化在开拓性和创新性等方面有较大不足，这也是北方文化的显著不足，珠三角岭南文化善于“无中生有”，擅长在自然资源十分贫瘠的地区创造大量财富。以改革开放前后的河北与广东为例，改革开放前广东明显不如河北，但改革开放40多年后广东已引领全国经济发展数年。

对话小组：山东如何破解人才大量流失、高端人才不足等问题？

王晓红：人才问题实际上是环境问题，具体表现在创新环境、薪酬、开放的体制等方面。对前沿技术的孵化，需要政府有十分敏锐的眼光和十足的魄力，以前沿技术和产业的孵化为桥梁，逐步构建完善的创新成果转化环境，自然可吸引大量高端人才。山东当前主要的问题在于产业基础老化，新经济发展不足，尚未形成新经济发展的良好环境氛围，以至于人才相对固化，年轻人才难以适应，这才逐步导致人才流失加剧。从新经济发展特征来看，新产业对人才环境的要求与传统产业差异较大，人才活跃度很高，其人才结构趋于年轻化且人才流动性非常强，越新的产业，人才流动性越强，对环境的要求就会越高，能不能留住人才，就取决于能不能给人才以相应的发展环境。

对话小组：习近平总书记2018年6月视察山东时，要求山东主动融入国家开放大局，提高开放水平，扩大高质量招商引资，深度融入“一带一路”建设，打造对外开放新高地。您认为山东可以从哪些方面拓展全方位对外开放新格局？

王晓红：深化与日韩的合作应作为山东拓展全方位对外开放新格局的重要抓手，一是对日对韩有基础、有优势，在推动中韩自贸区升级版方面，山东要积极有所作为，在推动中日技术合作方面，山东也要有所作为；二是中韩服务业贸易要继续做大、持续升级，中韩双边数字经济合作，包括医疗、教育、文化、体育等方面的合作，有基础也有潜力；三是要充分利用韩国、日本的技术优势，比如日本一直是我国重要的技术来源国，要大力发展技术贸易，深化与日本在人工智能、机器人、新材料等领域的合作；四是要构建公平、内外资一致待遇的营商环境，推动更高水平开放，积极营造与国际经贸规则高度一体的开放体系。尤其是在形成“双循环”新发展格局的背景下，山东要加倍重视发挥外资企业的作用，外资企业具有参与国际经济循环的先天优势。时至今日，外资企业不仅已成为促进形成“双循环”新发展格局的重要力量，还是推动我国产业技术创新的重要力量。公平竞争环境仍是外资企业最关注的问题，由此，山东要着力创造内外资一致待遇的营商环境，稳外资与引外资“双轮”并驱，重点要充分利用好日本和韩国的外资，并进一步发挥好日韩外资企业对山东开放型经济发展的正向促进作用。

对话小组：您认为中长期山东应该采取哪些超常规战略举措稳定和提升在全国的经济地位？

王晓红：从当前的发展来看，高速增长的超常规战略举措可能越来越难以采用并达到预期效果，对于山东来讲，重新进行战略定位是更为迫切的现实，需要通过战略定位确定发展方向，明确济南和青岛的发展定位，然后就是在此基础上深入推动并发展新经济、民营经济、数字经济，加快开放发展步伐，形成陆海内外联动、东西双向互济的开放格局，切实发挥好自贸试验区、国家级经济技术开发区、跨境电商综合试验区等开放平台的带动作用。

对话四　打造强劲增长极　强化吸纳能力

金碚，中国社会科学院学部委员，工业经济研究所原所长、研究员，郑州大学商学院院长，中国区域经济学会会长；我国著名经济学家，享受国务院“政府特殊津贴”专家，曾获全国精神文明“五个一工程”著作奖、孙冶方经济科学奖等20多项国家级或省部级成果奖；我国竞争力理论的主要开拓者之一，在产业经济学、区域经济学、企业理论与实践等领域作出重大贡献；曾应邀为中央政治局集体学习讲课。

主要观点

1.山东当前最要紧的是明确在国家区域发展战略上的定位。山东到底靠什么？融入京津冀或长三角都不可能是山东当前的战略优选。

2.山东融入京津冀或长三角并从中获益，必须满足两个前提条件：一是京津冀或长三角具有显著扩散效应，二是山东已形成强劲增长极。但目前这两个条件均不成熟。

3.山东融入区域协调发展战略的关键是要打造强劲增长极，必须集全省之力做强中心城市、强化集聚效应、增强吸纳能力。建议通过“双核引领”，即同时做大济南和青岛两大都市圈，进而带动全省其他地区发展。

4.罗默在生产函数模型中引入了思想(idea)，思想因素是地区竞争力的根本来源，山东发展要高度重视思想的流动性。需要对外来思想保持充分的包容性，尽可能地消除阻碍思想流动的因素，最大限度地发挥思想的非竞争性，让先进思想“为我所用”。

对话内容

对话小组:《山东省国民经济和社会发展第十三个五年规划纲要》提出,支持聊城、德州、滨州、东营承接北京非首都功能疏解和京津产业转移,打造京津冀协同发展示范区。2019 年山东省政府工作报告也提到,支持济南深度对接京津冀协同发展和雄安新区建设;推动德州、聊城、东营、滨州等深度融入京津冀协同发展。2019 年 10 月 18 日,山东省对接京津冀协同发展联席会议办公室挂牌成立。目前,山东省委、省政府正在积极推动山东融入京津冀协同发展,将其视为山东全面对接国家战略、借力提升产业层次、加快新旧动能转换的重大机遇。我们一直在思考,山东融入京津冀协同发展的视野是不是太窄了?融入京津冀,那为何不融入长三角?这些都是国家战略,只谈融入京津冀显然是不够的。有不少学者认为,山东要更多地融入国家战略。从区域经济研究的理论和方法看,您如何看待山东融入京津冀协同发展这一选题?在区域竞争中,山东破局的思路是什么?

金碚:山东融入国家战略的提法无可争议。我们需要深入思考的是,从区域经济发展的角度看,"山东融入京津冀协同发展"的内在逻辑是否成立。

区域经济发展的基本逻辑在于集聚和扩散。区域发展无非存在两大力量:第一种是吸纳和集聚的力量,集聚才能产生增长;第二种是辐射和扩散的力量,集聚到一定程度开始由中心向外围扩散。山东的地理区位特殊,它位于京津冀和长三角两大增长极之间。"山东融入京津冀协同发展"需要首先作出的判断是,无论是京津冀还是长三角,如果跟山东的融合更加通畅之后,是山东的资源更倾向于向京津冀和长三角集聚,还是京津冀和长三角的资源更倾向于向山东扩散?这是问题的关键之处。

区域经济发展的基本规律是从集聚到扩散的过程。以长三角为例,20 世纪八九十年代,就开始推动上海经济区建设,国家希望上海带动周边地区发展,但当时效果并不理想。因为那个时候上海自身还处于集聚阶段,该阶段上海对苏南和浙北非但没有什么带动作用,反而通过"虹吸效应"抢占周边地区的资源。这个阶段增长最快的反而是距离上海较远的常州,因为苏州、无锡的资源都被上海吸纳走了。但是到 90 年代后期和 21 世纪的时候,上海的经济规模和经济实力已经足够强大,开始进入扩散阶段。当上海的扩散效应开始超过集聚效应的时候,最先受益的肯定是苏州和无锡,然后依次向外围拓展。现在我们去看长三角,核心区域越来越强大,又开始将安徽纳入进去。每个区域都有一个发展阶段,这个阶段对确定区域发展战略至关重要。

周围区域承接核心区域的扩散是有前提、有条件的。以珠三角为例,珠三角也已经进入扩散阶段,但是带动粤北发展并不容易。为什么上海向苏南、浙北的扩散就比较成功?这是因为苏南、浙北本来就有一些增长极,苏州、南京、杭州、宁波本来就是地区的次增长极,上海的扩散与当地的产业和资源有很好的结合。反过来看京津冀,就存在这么一个问题——北京和天津再强大,也是在吸纳河北的资源。一个原因是河北和苏南、浙北不一样,它没有像苏、锡、常、宁这样的次中心城市,北京要扩散出去并不容易;另外一个原因是上海的面积很小,很容易就过度饱和了,而北京还有自己的发展空间,向外扩散的过程比较缓慢。

山东融入京津冀并从中获益,必须满足两个前提条件,但目前这两个条件均不成熟。第一个条件是京津冀已经到了以扩散为主的发展阶段。目前北京是在向外扩散,但北京的扩散跟上海不可同日而语,因为北京的空间足够大,河北的发展空间更大,且雄安新区本身还处在集聚阶段。在这种情况下,想让北京的资源扩散到山东非常困难。第二个条件是山东已经形成自己的增长极,有能力承接来自京津冀的扩散。而现阶段山东的经济增长极还很弱小,缺少具有强大竞争力的中心城市,没有承接扩散的基础条件。因此,山东既不具备苏锡常这样接近上海的有利地理位置,自身增长极又弱小。山东必须先培育自己的增长极,才有可能利用外部扩散力量。

对话小组:这么说来,山东当前面临的最大问题在于自身缺少强大的增长极,无论是融入京津冀还是长三角都无法改变这一困局。您认为山东应该如何改变这一局面?

金碚:山东在区域发展战略上要有自己的定位——山东到底靠什么?目前山东最强大的增长极是青岛,但青岛地理位置比较偏远,带动全省的力量远远不够;济南还不够强大,与其他省会城市没有可比性,首位度过低。理解了这个关键问题,我认为山东无论是往长三角融合,还是往京津冀融合,都不能够期待资源扩散到山东,一定程度的扩散也解决不了问题。山东这么一个经济大省,不能指望依赖发达地区的扩散来驱动增长。山东是要借助京津冀和长三角的力量,但是毕竟自己要有独特的区域战略。

山东融入区域协调发展战略的关键是要打造自己强大的增长极。近年来,河南和安徽增长迅速,与山东的差距快速缩小,山东可以从中学到一些经验。现在郑州增长很快,它没有受到更强大的外部增长极吸纳效应的影响,这些增长极距离郑州都比较遥远。换个思路看，郑州自己可以成为一个比较强大的增长极，凭借独特的劳动力和交通优势，带动河南以郑州为中心崛起。合肥原来也比较落后，它选择了紧跟长三角，并且自身也有一定的区位优势，科技资源比较好，巢湖撤市后合肥做大做强，成为带动安徽发展的核心增长极。山东要想重新崛起，也必须集全省之力打造增长极。

山东的区域发展需要先有效集聚，做强中心城市。理论上讲，平衡发展最好，但是现实不是这样。区域发展的规律是先集聚，集聚了以后才能爆发。山东经济格局很特殊，省会在济南，经济重心又在半岛，相对而言半岛不在交通的主干道上，这样带动性就大打折扣。山东可以选择走“双核引领”的路子，同时做大济南和青岛，依托济南都市圈和青岛都市圈建设，带动全省多数地区发展。济南都市圈用来联络京津冀和长三角并带动内陆腹地，青岛都市圈用来联络东北亚并带动胶东半岛，两者协同共进，支撑起山东基本的区域格局。不过，山东也面临一个重大战略选择——有限的资源如何在济南和青岛之间配置，不能因为济南强大了，青岛反而不行了，这也不是一个好路子。

对话小组：新旧动能转换是山东当前面临的一个重大课题。山东新旧动能转换综合试验区是我国第一个以新旧动能转换为主题的综合试验区，山东正依托该试验区开展创新驱动和传统产业转型升级的探索。鉴于山东缺少创新型龙头企业而省属国有企业实力强劲的发展现实，您认为山东是否有可能通过国有企业运作风险投资基金的形式支持“新经济”发育？

金碚：国有企业运作风险投资基金的难度比较大。创新具有极高的失败率，搞十个创新项目可能只有一个成功，但是只要有成功项目，它的收益率就非常高。而国有企业是一类特殊企业，两方面都承担不起——失败承受不起，成功以后报酬也支付不起。一方面，由于国有企业有资产保值增值的压力，投资失败后管理者个人可能会被问责，企业管理者很难作出高风险决策；另一方面，市场化的创新成功之后收益数以亿计，没有这个机制没有人愿意去创新，而国有企业最大的激励是给主要领导者提升行政待遇，经济激励不显著。如果不能形成有效的激励机制，国有企业搞风险投资就没有竞争力。简而言之，国有企业的属性决定其“输不起，赢不起”，输了过不了审计，赢了付不起报酬。

当然，国有企业要做的不一定是原始创新，可以是高科技成果产业化，如通过支付专利费、专利入股、聘用专利所有权人等形式将科技成果落地。这是山东的国有企业可以重点考虑的方向，也是山东落实创新驱动的有力抓手。

对话小组：在您看来，一个地区的竞争优势（尤其是创新能力）究竟来自哪里？

金碚：思想因素是地区竞争力的根本来源。传统经济学方法分析一个国家或者地区的发展，本质上是利用生产函数理论，生产要素有土地、资本、劳动等，用要素丰富的程度来解释比较优势以及每个国家或地区的发展。罗默在生产函数里引入了思想，在罗默模型中，技术和制度中都含有非竞争性思想因素，即都有可免费复制获得的因素，思想的流动可以成为推动增长和发展、增进社会福利的重要力量。不过，在不同的制度条件下，思想的流动及其效果是非常不同的。经济增长或经济发展并非仅仅是土地、资本和劳动等生产要素的作用（或配置）表现，而且是受到思想因素及其流动的强烈作用和影响的历史过程。

分析地区的经济发展，除了观察它的生产要素和区位之外，还要考虑思想流动性，仅观察生产要素是无法解释地区差异的。比如深圳和海南，国家给海南的政策比深圳更多、更好、更自由，但是思想因素流动到海南和流动到深圳完全不具有可比性。改革开放的时候最初是 4 个经济特区，后来变成十几个沿海开放城市，为什么唯独深圳经济表现最强？主要是文化不一样，深圳是典型的“移民文化”，这在生产函数中很难解释。深圳发展起来主要不是靠生产要素，我将其定义为思想运作，这是典型的地方因素，每个地方都有特色。如果没有这样的思想因素，再好的政策也无法发挥作用。

对话小组：既然思想因素对一个地区的竞争力有决定性的影响，那么有什么办法去改变一个地区的思想呢？

金碚：任何一个地方想要更好地发展，需要充分吸纳外部思想，尽可能地消除阻碍思想流动的因素，最大限度地发挥思想的非竞争性。深圳发展初期有什么？它只是一个小渔村，没有自己原来积淀起来的那种文化，因此对外来文化没有抗拒性，很容易接受各种新思想。但海南就不行，它有自己的本土文化，外部思想进来的时候它有抵触性，很难吸纳和融入新思想。

山东在发展中需要对外来思想保持充分的包容性，让先进思想“为我所用”。山东需要在思想流动中吸收冒险精神、创新精神，打破故步自封的小农心态。但从另外一个角度看，并不是非得接受某一种文化才最有竞争力。每个地区都有自己的文化特色和文化优势，需要充分挖掘自身优势，并结合外来文化优势不断改造自己。山东同样具有自身的文化优势，值得深入挖掘。

对话五　建好陆海切换“桥墩子”　承担面向东北亚开放的重大使命

邢广程，中国社会科学院学部委员，中国边疆研究所所长、研究员，中国—上海合作组织研究中心副主任，享受国务院“政府特殊津贴”专家，是国内研究俄罗斯、中亚、上海合作组织、独联体、苏联历史等问题的权威专家；全国马克思主义理论研究和建设工程专家，入选国家“四个一批”人才工程和国家“新世纪千百万人才”工程；2013 年获俄罗斯“普希金”奖章。

主要观点

1.山东及青岛并未充分抓住“中国—上海合作组织地方经贸合作示范区”设立带来的发展机遇，错过了一些合作机会，但山东未来完全可依托这个示范区探索区域经济合作新模式。

2.从开放大格局来看，山东要重点做好对外开放的陆海切换，打造为衔接陆海双向开放的枢纽，做实“一带”和“一路”的重要交汇点。山东要建设成陆海联运的“桥墩子”，当务之急是要推动贸易和投资便利化。

3.在整合东北亚资源方面发挥率先作用是山东在全国对外开放格局中的重大使命。做好东北亚资源整合，打造面向东北亚开放的前沿，谋求将区位优势转化为发展动能。

4.“冰上丝绸之路”主要取决于俄罗斯的态度，当前还处于战略展望阶段，并无实质性进展。

对话内容

对话小组:2018 年 6 月,上海合作组织青岛峰会召开。2019 年 7 月,《中国—上海合作组织地方经贸合作示范区建设总体方案》经中央全面深化改革委员会第九次会议审议通过。建设"中国—上海合作组织地方经贸合作示范区",不仅开启了青岛深度融入"一带一路"建设、拓展提升与上合组织国家地方经贸合作、构建新时代全面开放新格局的新篇章,也加速了山东深入融入世界经济体系并发挥日益重要作用、协力构建全面开放新格局的新篇章。您认为山东或青岛在建设中国－上海合作组织地方经贸合作示范区的过程中有哪些拓展空间?

邢广程:山东及青岛并未充分地抓住中国—上海合作组织地方经贸合作示范区设立带来的发展机遇。上海合作组织青岛峰会的召开和中国—上海合作组织地方经贸合作示范区的设立,对山东深化对外开放无疑是一个潜在机遇。但是,山东及青岛并没有很好地把握这次机遇,把握机遇的节奏不够快、力度不够大,错过了一些合作机会。一般而言,在国际峰会召开前的一年至峰会结束后的一年半,实质性的合作方案就需要确定,如果迟迟不能确定合作方案,峰会产生的效应就会衰减。

山东及青岛不要对与上合组织国家的经贸合作抱有过高期望。上海合作组织成立近 20 年来,在区域经济合作方面进展缓慢,其主要合作领域仍局限于区域安全方面,且成员国经济体量有限。依靠山东推进与上合组织国家的经贸合作,具有很高的难度。山东可依托中国—上海合作组织地方经贸合作示范区这个招牌探索区域经济合作新模式,但不可拘泥于与上合组织国家的经贸合作。

山东可以重点选择在科技领域与上合组织国家开展深度合作,尤其是与俄罗斯进行科技合作。俄罗斯在航空航天、石油、冶金、重型机械等产业具有较为先进的科技,但面临的突出问题是科技成果转化能力不足,普遍缺乏资金支持。俄罗斯的科技长项与山东当前的产业结构非常吻合,山东可以在科技成果转化方面加强与俄罗斯的合作,鼓励龙头企业赴俄设立研发合作中心,寻求技术"为我所用"。

对话小组:山东对外开放力度和外向型经济发展水平在东部沿海省份中处于下游位次,"国际循环"不足,未能充分撬动两个市场、两种资源带动经济增长和产业升级。您认为山东深化对外开放受到哪些因素的制约?

邢广程：近年来山东的发展确实面临一系列问题，我总结为内部和外部两个方面。从内部看，山东的发展思维是典型的北方思维，经济结构是典型的传统结构，没有及早地推动经济转型升级。从外部看，山东深化对外开放主要受到两方面的制约：一是中日韩自贸区受到历史原因及美国干预等诸多非经济性因素的影响，没有很好地发展起来，这对山东对外开放来说是一个较大打击；二是山东沿海港口的地理位置偏北，与江浙粤相比距离南太平洋等市场较远，北方港口面临严重的同质化竞争局面。

对话小组：您认为山东应该如何确定在全国对外开放中的战略定位？

邢广程：基于山东需要进一步深化对外开放、打造对外开放新高地的基础判断，我认为山东应树立对外开放的大局观，可以从两大方面设计在全国对外开放格局中的战略定位。

一是做好对外开放的陆海切换，将自身打造为衔接陆海、双向开放的枢纽。我国传统对外开放格局是“沿海开放”，内陆、沿边地区成为“开放的洼地”。依托“一带一路”建设，我国积极布局海陆全方位的对外开放，以国际经济合作走廊为主骨架加强重大基础设施互联互通，通过连接亚欧的陆路大动脉和海上大通道，改变过去以沿海开放为主的格局，助推沿海、内陆、沿边地区协同开放，形成“陆海双向开放”的新格局。山东作为“一带”和“一路”的重要交汇点，在陆海切换方面具有得天独厚的优势。但是，山东在这方面做得却不如江苏。如连云港抓住其新亚欧大陆桥东方桥头堡的有利区位，在实现陆海联运和双向货物流通中扮演了重要角色，物流枢纽地位稳步提升。

山东也要打好陆海双向开放的门户牌，向西加强与中亚、东欧国家在铁路运输、物流仓储等方面的合作，积极引进上合组织成员国在山东建立物流基地；向东以开展中韩、中日陆海联运合作为契机，争取把山东建设成日韩与陆路沿线国家经贸合作的重要战略节点。

二是做好东北亚资源整合，将自身打造为面向东北亚开放的前沿。目前东北亚经济高度碎片化，且地缘政治复杂，东北亚经贸合作面临重大不确定性，资源整合的难度较大。随着东三省经济的深度衰退，辽宁在衔接日韩的对外开放中地位下降，吉林则迫切希望打通图们江出海口，东三省已经无力承担整合东北亚资源的重任。山东区位条件得天独厚，需要积极作为，谋求把自身的区位优势转化为发展动能，在整合东北亚资源方面发挥率先作用，这是山东在全国对外开放格局中的重大使命，其他地区均无法替代。日本和韩国的经济体量足够庞大，产业和科技发达，足以带动山东加快对外开放和经济发展。山东应重点深化与日韩的区域合作，深度挖掘合作机会，吸引日韩企业在山东加大投资和设立物流中心，打造面向日韩开放的绝对前沿。

对话小组：根据山东对外开放的战略定位，您认为山东深化对外开放的当务之急是什么？

邢广程：山东要建设成陆海联运的“桥墩子”，当务之急是推动贸易和投资的便利化。尽管山东对外开放的区位优势比较显著，但是山东在对外开放的规则和制度设计上没有创造，这是山东在区域竞争中落后的重要原因。一方面，山东需要通过优化流程、提高效率来推动贸易和投资便利化，有效降低国际物流成本，这是山东与其他地区开展跨境贸易和投资竞争的根本；另一方面，山东要继续加强现代化商贸物流体系建设，加快经济合作区、商贸集散地、仓储中心、国际物流园区、产业园区建设，提高国际物流的综合承载力。

山东应广泛学习借鉴各地的经验，千方百计地降低国际物流成本。在推动贸易和投资便利化方面，全国各地探索出很多先进经验。例如，重庆作为西部内陆城市，“不靠海、不沿边”，既无地理优势可用，也无现成经验可循。但重庆克服各种不利局面，在构建开放通道体系和物流枢纽基地等硬件体系的基础上，下大力气健全功能完备的开放口岸体系，口岸数量和功能居内陆省份前列，在深化国际贸易“单一窗口”建设上，推出“六个一”特色举措，通关时间缩短 1/3 以上。通过深化口岸“7×24 小时”通关保障，通关便利化水平在内陆首屈一指。这些举措将重庆建设为内陆国际物流枢纽，深刻改变了中国内陆地区的国际物流流向，使重庆从开放“洼地”跃升为开放“前沿”。

对话小组：山东与韩国隔海相望，若打通威海—仁川的海底隧道工程，山东与韩国的时间距离将大大缩短，经济联系更加紧密，山东也将成为日韩通向欧亚大陆的国际交通综合运输枢纽。您认为威海—仁川海底隧道是否具有可行性？

邢广程：不可否认，威海—仁川海底隧道具有很高的经济价值。但是，我对当前隧道建设持保守态度。在朝鲜半岛地缘政治没有发生实质性变化的情况下，威海—仁川海底隧道建设无从谈起。这并非经济或技术问题，而是地缘政治问题。在韩国“安美经中”的战略指导下，在韩国安全与经济合作分治的情况下，如此重要的超大型基础设施项目安全上能够得到保障吗？联想到今年俄德“北溪”海底管道被人为破坏的情况，我们是否需要持谨慎态度呢？因此，短期内隧道建设还看不到希望，未来构建还需要足够的综合条件评估。

但是，山东可以在短途海上运输方面加强与韩国的合作，双方就跨境规则对接、物流园区建设等方面深化合作，切实压缩对韩外贸货物总体通关时间，提升通关效率，降低综合成本。韩国作为发展迅速的发达经济体，对山东深化开放的意义不言而喻。

对话小组："冰上丝绸之路"作为蓝色经济通道已被纳入"一带一路"的总体布局，成为连接欧洲、亚洲及北美洲之间的最短航道，被誉为"国际海运新命脉"。有学者认为，"冰上丝绸之路"建设使山东沿海地区在国际贸易中的地位再次凸显，山东沿海的港口城市因距离北极航道的起点更近而成为主要受益者，航运周期显著缩短，成本显著降低，拉动对欧海上贸易货运量的增长，进一步强化了山东省作为对外开放前沿的地位。您认为山东需要为"冰上丝绸之路"做哪些准备？

邢广程："冰上丝绸之路"是继"一带一路"之后的又一创新性国际合作模式，两者都以国际交通运输线路为依托，以推进欧亚经济发展为初衷，进而提出的国际合作与和平建设倡议。目前来看，"冰上丝绸之路"主要取决于俄罗斯的态度，而俄罗斯态度比较矛盾，既希望深化中俄合作来提振经济，又担心中国向远东地区渗透。因此，当前"冰上丝绸之路"还处于战略展望阶段，并无实质性进展。

山东可以依托中国—上海合作组织地方经贸合作示范区为"冰上丝绸之路"做前期战略储备，以便更好地把握机遇。山东应高度重视智库建设，加强国别研究和国际规则研究，为持续深化与上合组织国家的合作奠定坚实基础。

对话六　抓住干部这个关键　稳住传统产业基本盘

王进才，中国生产力学会常务副会长、秘书长，高级经济师，在《经济研究》《光明日报》等权威刊物发表数十篇文章，主持和参与了“关于‘十四五’时期提升中小企业创新能力的建议”“关于我国自由贸易区(港)的战略提升建议”“数字生产力的理论与政策”等数十项研究课题，研究成果多次得到党中央、国务院领导的肯定性批示。

主要观点

1.山东作为北方经济大省，发展优势明显，发展空间巨大。在现有基础上营造一流营商环境是今后实现高位跃进的关键。与长三角、粤港澳等发达地区相比，山东应拿出实招狠招做好人才引进工作、努力克服“官本位”思想和大力改善司法环境，营造市场化、法治化、国际化一流营商环境。

2.要辩证看待山东中心城市首位度低的问题。从全国看，山东区域经济社会发展相对均衡是一大优势。中心城市集聚能力有限并不是问题的关键，应将精力重点放在提升区域经济发展质量上。

3.山东在新旧动能转换上应避免陷入将“动能”和“产业”画等号的误区，把化工、能源等基础产业、传统产业当作旧动能，这样新旧动能转换会削弱基础产业竞争力。今后的发展要以传统产业新型化、新兴产业规模化为出发点，加快实现产业整体转型升级。

4.“乡村振兴的齐鲁样板”是希望山东根据中央对乡村振兴的战略定位作出示范性探索，不是要求山东打造“最富”的样板，而是要打造“最有秩序、最有幸福感”的样板。

5.联通烟台和大连、打通连接东北和华东的大通道，对激活东部地区消费市场,构建便捷高效的国内产业链、供应链具有重要推动作用,山东省的区域优势地位也将进一步凸显,可以起到沟通南北的“中转站”作用。

对话内容

对话小组:我们注意到,山东省的营商环境对创新驱动发展形成一定制约。有学者提出山东省应坚持把深化营商环境综合改革作为新时代全面深化改革的系统集成工程和转变政府职能的核心抓手,并将此作为推进治理体系和治理能力现代化建设的“一号工程”。您如何看待山东省目前的营商环境问题?

王进才:山东作为北方经济大省,发展优势明显,发展空间巨大,应努力克服发展理念和营商环境的瓶颈制约。近年来山东省营商环境有所改善,但与长三角、粤港澳等发达地区相比还有较大差距,改进空间大。在现有基础上营造一流营商环境是今后实现高位跃进的关键,应重点从三个方面着手,营造市场化、法治化、国际化一流营商环境。一是拿出实招狠招做好人才引进工作。招商引资和人才引进应避免形式主义。人才和产业项目是高度关联的,有好项目才能引进和留住人才。因此,人才引进应充分考虑市场实际需求,不能过度依靠行政手段,更不能一层一层往下压指标。二是努力克服“官本位”问题。干部是营商环境建设的最重要因素,管好了干部就能有好的营商环境。山东省部分干部市场思维不强,存在随意支配和干预企业的问题;还有些干部有意“疏远”企业家,通过公开正规的渠道,企业家不敢找主政官员,主政官员不敢见企业家,反而把正规渠道转为私下渠道。建议山东省积极推动处级干部跨地市交流常态化,把政企交流拉回到正规渠道。三是大力改善司法环境。司法公正是维护社会公平正义的最后一根稻草,是营商环境的重要组成部分。山东省公检法系统在维护市场秩序、保护企业家合法权益方面应该有更大作为,为企业家提供公平的市场环境和积极的心理预期。

对话小组:山东半岛城市群大中小城市和小城镇密集,城镇化率稳步提高,尤其是以县域为代表的小城市发展良好,构成城市群发育的基本骨架。从区域经济格局看,山东省县域经济较为发达,省内发展相对均衡;但中心城市实力明显不足,首位度偏低,辐射带动作用相对有限,这与未来中心城市和城市群引领区域发展的空间格局不太匹配。您如何看待山东省内的区域经济布局?

王进才:对于山东省中心城市首位度低的现象需要辩证看待。山东省区域经济格局最大的特征就是区域经济社会发展相对均衡。即便是青岛与菏泽的差距,也比珠三角与粤北的差距小得多。很多地级市本身就是一个小的城市群，以潍坊为例，潍坊市区和周边寿光、青州、高密、诸城等县市的房价差不多，人口流动也很充分。整体来看，山东省不存在严重的留守老人、留守儿童等社会问题。这与中国治理体系和治理能力现代化的目标相符，应该视为山东省的一大优势。

山东省之所以形成这种区域经济格局，背后有深刻的原因。区域经济格局与区域发展的动力模式相关。珠三角城市化的过程是典型的城市“吞并”农村，经济发展的原动力是外向型经济，外来劳动力人口众多，但广东省未纳入城市群的农村地区则是非常落后的。长三角城市化的过程也是城市逐渐“吞并”农村，其动力模式是大城市辐射带动中小城市发展，原来的国有经济和集体经济（社办企业、乡镇企业）基础发挥了重大作用，劳动力也以外来人口为主。与珠三角和长三角相比，山东省经济发展的内源性更强，并表现出两大突出特征：一是农业先导，民营经济起步几乎都从农业发端，由农业产业化拉动工业发展；二是劳动力自给自足，农民始终未脱离农业用地，劳动力几乎全部来自本地。这种动力模式使得山东省的县域经济快速发展，而中心城市集聚能力非常有限。

中心城市的关键不在于大，而在于强。城市首位度不应体现在GDP高不高、人口多不多，而应体现在产业发展质量和人民生活水平。“吞并”周边城市的外延式扩张，并不是提高首位度的最佳办法。从目前的状况看，越是落后地区，省会城市的首位度越高，如宁夏、甘肃、新疆等，这种高首位度并不是一种理想的状态，甚至在一定程度上是与我国区域协调发展战略不相符的。因此，山东省中心城市首位度不高，并不是区域经济问题的关键，应把精力放在提升区域经济发展质量上。

当然，山东省区域经济发展过程中也存在中心城市定位不准的问题，集中表现在两个方面：一是未能处理好青岛与胶东半岛的关系，由于思想观念及山东省委、省政府的战略布局等，青岛对周边城市、地区的辐射带动作用一直较弱，周边的潍坊、日照等城市并没有充分感受到青岛的拉动作用。二是未能处理好济南与泰安的关系，济南城市空间发展定位多次变化，合并莱芜是一大举措（但可能不是理想举措）。济南跨越泰山向南发展比跨越黄河向北发展的难度更低、潜力更大，将泰安纳入济南是拓展城市发展空间的更好选择。

对话小组：山东省对传统制造业表现出强烈的路径依赖性，没有把握住上一轮新兴产业（尤其是新一代信息技术产业）发展浪潮，新技术、新产业、新业态、新模式等“新经济”形态发育程度较低，在抢占未来产业竞争制高点的竞赛中处于劣势。化工、能源、冶金、农副食品、纺织、重型机械等工业主导产业转型升级缓慢，一定程度上制约了山东省的可持续发展。近年来山东省大力推进新旧动能转换，山东新旧动能转换综合试验区是我国第一个以新旧动能转换为主题的综合试验区。您如何看待山东省正在进行的新旧动能转换？应该注重哪些关键点？

王进才：山东省推行新旧动能转换应避免陷入把“动能”和“产业”画等号的误区，以为化工、能源等基础产业、传统产业就是旧动能，新旧动能转换的结果是把化工行业打垮了、打没了。动能本质上不是产业，同一个产业，既能由旧动能驱动，也可以由新动能驱动。传统产业新旧动能转换的关键点在于用新技术来改造升级，而不是直接关停；高科技人才是新旧动能转换的根本保障，传统产业恰恰是人才引进的产业基础。传统产业新旧动能转换的另外一个方向是拉长产业链条，产业链条越长，对新技术的要求越高，石油化工、煤化工等传统产业就都有“吃干榨净”的潜能。发展新产业谈何容易，在新产业成长起来之前就扔掉原有的产业基础并不是明智之举，而是要通过走传统产业新型化、新型产业规模化发展之路，加快实现整体产业的转型升级。

产业布局不是盲目规划出来的，而是基于当地的产业基础逐步成长起来的。例如，在平、魏桥早期发展时热电厂投资规模大，有节余的电力产能，便开始发展电解铝，用电量大增后又重新上热电厂项目，如此循环，形成当地的电解铝行业。产业规划不能任由长官意志决定，需要经过充分调研和反复论证。除了做大集群、做长产业链外，山东省还要重视国有企业与民争利的问题，目前山东省各个行业都有省一级的大型国有企业，这些国有企业从大城市一直布局到乡镇，利用行政手段来做市场的情况普遍，挤占民营经济发展空间。

对话小组：推动产业振兴、人才振兴、文化振兴、生态振兴、组织振兴，打造乡村振兴的齐鲁样板，是习近平总书记对山东省提出的殷切期望，也是中央赋予山东省的重要使命。山东省在乡村振兴方面已经作出积极探索，“诸城模式”“潍坊模式”“寿光模式”等各具特色。山东省应继续立足于各地的特色优势，积极向国家争取各类土地、城镇化、农民培训等农业综合改革政策、城乡融合政策，大胆先行先试，在乡村振兴方面走在全国前列。您如何理解“打造乡村振兴的齐鲁样板”？应该重点从哪些领域突破？

王进才：如何理解“乡村振兴的齐鲁样板”的含义是个关键问题，这决定了具体工作思路和工作方法。乡村振兴的总体目标就是在乡村地区推进国家治理体系和治理能力现代化，是经济、政治、文化、社会、生态“五位一体”的协调推进，而不仅仅是做大做强农业。“乡村振兴的齐鲁样板”是希望山东省根据中央对乡村振兴的战略定位作出示范性探索，不是要求山东省打造最富的样板，而是打造最有秩序、最有幸福感的样板。我国城乡二元结构将长期存在，乡村振兴并非全面消灭乡村，而是建设重构了的现代化乡村，以基础设施现代化、公共服务均等化、三次产业融合化为基本特征，并在二元结构之间建立畅通的流动渠道，实现农民安居乐业。

山东省在建设“乡村振兴的齐鲁样板”时应注意以下三个问题。一是推进乡村振兴要有县域视角。对于县域而言，应从总体上思考乡村振兴问题，要把一个县域作为一个推进单元来考虑工作的整体布局，这样就必须从县域的实际出发来认识问题和解决问题。二是积极探索农业合作化道路。习近平总书记在吉林考察调研时指出，“因地制宜，走好农业合作化道路”。山东省需要辨别各式各样的农业合作社，土地托管、股份合作社等形式还解决不了农民平等和共同富裕的问题。要发展农村集体经济多种实现形式，发挥集体经济综合功能。三是推进农村土地制度改革，增强农村内生性动力。农村土地制度是农村基本经营制度的核心，无论是农村承包地、宅基地还是集体建设用地改革，都应当以促进农村稳定、推动农业发展、保障农民利益为依据，而非一味地以推进城市化和发展工业为目的。

对话小组：在南北发展失衡的大背景下，依托烟台—大连跨海大通道建设实施鲁辽大联通战略，对山东、东北乃至整个北方的中长期发展具有重大战略意义。烟台—大连跨海大通道将成为连接东北和华东的交通主动脉，大幅缩短东北与华东的时间距离，降低流通成本。鲁辽互联互通为深化南北区域合作、塑造南北联动发展新格局奠定了基础。您认为烟台—大连跨海大通道对东北和山东有何影响？

王进才：烟台—大连跨海大通道对国家而言是个重大战略。当前经济形势仍然复杂严峻，不稳定性、不确定性较大，我们遇到的很多问题是中长期的，必须从持久战的角度加以认识，加快形成以国内大循环为主体、国内国际双循环相互促进的新发展格局。打通连接东北和华东的大通道，对激活东部地区消费市场，构建便捷高效的国内产业链、供应链具有重要推动作用，这也是“国内大循环”的题中之义。

整体来看，烟台—大连跨海大通道建设对东北地区的拉动作用最为显著。长期以来，东北缺少优良的出海口，周边邻国俄罗斯、朝鲜的发展水平相对落后，对外合作很难破局；而东北与东部沿海的交通联系不方便，国内合作也面临较大障碍。烟台—大连跨海大通道打通东北与东部沿海经济合作的桥梁，东北振兴有了新的抓手。同时，山东省的区域优势地位进一步凸显，可以起到南北沟通的中转站作用，人流、物流大增，青岛、烟台、日照等港口的吞吐量将显著上升。

对话七　山东要紧抓科技创新“牛鼻子”

刘琦岩，科技部中国科学技术信息研究所副所长、研究员，兼任中国软科学研究会副秘书长、中国自然辩证法研究会常务理事等。长期从事科技发展与改革重大议题研究、科技发展战略与政策研究、科技创新管理研究。先后任科技部火炬中心副处长、浙江宁波市科技局副局长、科技部调研室副主任等职务。

主要观点

1.山东经济下行暴露出来的主要矛盾是科技创新能力不足，创新驱动发展缺乏有力抓手，制约了其新旧动能转换和产业转型升级进程。

2.传统产业转型升级是山东凝聚发展新动能的有效途径：一是大力发展工业互联网，推动传统工业企业数字化转型；二是推动制造业和服务业深度融合发展。

3.山东要高度重视科技创新的引领作用，要把科技创新作为经济社会发展的“一号工程”，以壮士断腕的魄力完善科技创新体制机制，优化创新环境。

4.山东要重点补齐创新体系中的产业创新短板：主动谋划战略级的重大科技创新项目落地，牵引山东新经济驶入快速发展轨道；鼓励发展新型研发机构，引导更多要素资源进入创新生态体系；加大高端人才团队引进力度。

5.山东应重点扶持浪潮集团、海尔集团等信息化企业，加快培育其为国内互联网巨头；以化工、工程机械等行业为突破口，争取在高端装备、精细化工、新材料等领域率先营造工业互联网大应用、大发展态势。

对话内容

对话小组:根据中国科技发展战略研究小组发布的历年《中国区域创新能力评价报告》,山东综合创新能力长期保持在全国第 6 位。但是,近年来山东的区域科技创新地位正面临严峻挑战,主要 R&D 投入和产出指标占全国的比重呈现快速下降的态势,如 R&D 经费占全国的比重从 2015 年的 10.1%下降至 2018 年的 8.4%,发明专利申请量占全国的比重从 2015 年的 9.8%下降至 2019 年的 5.0%。您认为山东科技创新暴露出哪些突出问题?

刘琦岩:经济下行周期往往就是矛盾凸显期,各种深层次问题开始集中显现。山东经济下行暴露出来的一大矛盾就是科技创新能力不足,创新驱动发展缺乏有力抓手。

不可否认,山东具有一定的科技创新基础,创新实力不容忽视。山东每年都能获得不少国家级科学技术奖励,在部分行业领域的创新也走在了全国前列。例如,海尔开放创新平台(HOPE 平台)已经成为制造业转型发展的典型代表,光威复材的碳纤维等复合材料在国内具有一定的领先优势,山东如意的“如意纺”是原创的新型纺纱技术,等等。山东在化工、轻纺、重型机械、冶金等行业涌现出大量的科技创新成果,这得益于这些行业的长期技术积累。但是,山东科技创新面临一些突出问题,区域科技创新的影响力不断下降,制约了其新旧动能转换和产业转型升级进程。

第一,缺少龙头型科技创新主体。国家级科研院所、大型中央企业、世界 500 强等龙头型科技创新主体在山东的布局很少,山东市场给人以难以进来的印象。相反,山东地方国有企业大量抢占本地市场,但又缺乏撬动全国乃至全球市场能力,发展进入瓶颈。与地方国有企业相比,中央企业开拓世界市场和对接全球资源的能力高出很多,通过隐性的市场分割将这些企业挡在本地市场之外,不利于山东提高科技创新能力。魏桥的成功是特定产业发展阶段的结果,目前已经不具有可复制性,本地化企业受限于市场规模,很难做大做强。

第二,缺乏对高端科技创新资源的吸引力。山东地处京津冀和长三角两大科技创新高地之间,非但未能有效吸引两地的高端人才和科技创新成果,反而出现高端人才大量外流的局面。山东已逐渐变为东部科技创新资源的“洼地”,这与其长期忽视科技创新对经济发展和产业升级的引领性作用有关,本地高科技产业项目少,留住人才和承接科技成果的能力弱。

第三,科技创新资源载体没有发挥出应有作用。山东的国家级高新区数量并不少，但总体上战略能级较低，与世界一流高科技园区有相当大的差距。世界一流高科技园区代表科技园区发展的最高水平和最佳形态，是区域科技创新的强大载体。与武汉、合肥、西安等国家级高新区相比，山东各国家级高新区呈现同质化发展的态势，在经济增量、发展模式、发展路径、产城一体化等方面对本地经济社会的带动偏弱，这也是错过北京大量科技创新成果落地山东的重要原因。

另外，我们注意到山东的研发投入和创新绩效、经济绩效严重不匹配。山东研发投入排在全国前列，R&D人员和经费投入都居全国第4位。按理说，如此大规模的研发投入应该能很好地带动科技创新和经济发展，但实际效果并不理想，研发的投入产出效率是一个需要重视并深入研究的问题。

对话小组：面对高层次人才流失、高新技术产业发展滞后等严峻挑战，山东应如何保障新旧动能转换顺利开展？

刘琦岩：首先，山东要充分认识科技创新的引领作用，把科技创新作为经济社会发展的“一号工程”，以壮士断腕的魄力完善科技创新体制机制，优化创新环境。

其次，优先选拔任用懂科技创新的干部，学习广东等领先地区的经验，在经济管理部门任用创新意识强的官员，在把握科技创新和产业发展规律中抢抓机会，推动新经济发展。

最后，加快培育各类新经济载体，发展高新技术企业、科技企业孵化器、新型研发机构、行业技术平台等多样化的创新主体，尤其是重点关注具有成为独角兽潜力的科技型中小企业，并为其创新发展提供便捷服务。

对话小组：化工、能源、冶金、农副食品、纺织、重型机械等行业构成了山东工业的基本盘。但是，这些行业竞争激烈且增长空间有限，主导产业转型升级缓慢制约了山东的可持续发展。您认为山东传统行业转型升级的基本方向是什么？

刘琦岩：山东发展重化工业存在“路径锁定”效应，政府长期满足于传统制造业驱动经济增长，对战略性新兴产业的机会识别意识和识别能力不足，因而错失了上一轮发展新兴产业的一些好机会。对于占比很高的重化工业，山东可以从以下两个方面推进其转型升级。

一是大力发展工业互联网，推动传统工业企业数字化转型。工业互联网通过跨设备、跨系统、跨地区的全面互联互通，实现要素、产业链、价值链的全面连接，驱动工业数据充分流动，实现以数据流带动技术流、资金流、人才流、物资流，构建数据驱动的网络化工业生产制造体系和服务体系，有效提升传统产业的发展质量与效益，带动实现制造业转型发展。

二是推动制造业和服务业深度融合发展。依托工业互联网引导企业挖掘市场潜在需求，帮助传统制造企业将价值创造模式由单纯的供给产品转化为提供“产品＋服务”的服务型制造新模式，成为整体方案提供商，实现工业生产的产消融合、协同制造、服务延伸和智能决策，不断催生新业态、新模式、新产业，助力制造业发展向高端迈进。

山东应重点扶持浪潮集团这样的企业加快成长为国内互联网巨头，以化工、工程机械等行业为突破口，争取在高端装备、精细化工、新材料等领域率先营造好工业互联网大应用、大发展态势。

对话小组：发达省份高度重视科技创新对经济增长和产业发展的引领性作用，从多个维度搭建本地的创新生态。结合发达省份的先进经验，您认为山东可以采取哪些手段加快培育“新经济”？

刘琦岩：长三角、珠三角等发达地区已经初步形成创新创业生态，具备“新经济”成长的有利环境。山东可以学习借鉴广东、浙江等省份的经验，重点补齐创新体系中的产业创新短板。

一是主动谋划战略级的重大科技创新项目落地，牵引地方“新经济”驶入快速发展的轨道。这类重大项目能从创新链、产业链、资金链等方面共同发力，带动全链条的战略提升。

二是鼓励发展新型研发机构。近年来，广东涌现出许多新型研发机构，这些研发机构在提供研发、技术服务的同时，开始对内部研发成果进行独立孵化，研发团队直接创办企业将研发成果应用到生产中。独立搭建创新生态和孵化平台、创新理念突出应用导向、管理方式高度企业化成为新型研发机构的显著特点。中科院深圳先进技术研究院、华大基因研究院、光启高等理工研究院等机构是新型研发机构的典型代表，它们探索出一条科学发现、技术发明和产业发展“三发”一体化的独特道路。江苏、浙江等省份也在进行新型研发机构的探索。山东可以扶持集研究、开发与产业化运作于一体的新型研发机构成长，推动事业性质的科研院所采取以市场为导向的企业化运营方式进行内部孵化，同时鼓励社会资金创办民办非企业单位性质的科研机构开展研发活动，总之要拓宽通道，使更多的要素资源进入创新生态体系。

三是加强高端人才团队引进。在高精尖人才的引进上，深圳一方面给予各类领军人才高额补贴和提供住房；另一方面创新招才引智工作机制，设立“人才伯乐奖”,鼓励本市企事业单位、人才中介组织等引进和举荐人才。在紧缺专业人才的引进上,深圳在专业性较强的政府机构和国有事业单位设置高端特聘职位,实施聘期管理和协议工资,通过灵活方式吸引集聚岗位急需的高层次专业人才。深圳还在人才管理、人才举荐和评价方面作出重大探索创新,建立高层次人才市场化认定机制,发挥多元主体评价的积极作用。山东应鼓励济南、青岛等龙头城市全面学习深圳、杭州、南京等发达城市的人才政策,系统推进高层次人才的引进工作,并营造尊重人才的社会环境。

四是充分利用创投机制和资本市场培育独角兽等头部或引领型企业。北京、深圳等城市创投云集,为高新技术企业成长注入强大动力。实质上这是主动发挥创投机构在创新链、产业链、资金链等方面积极的连接作用、融合功能,甚至对高端人才的猎头作用。以深圳为例,深圳是国内VC/PE① 较为集中的城市之一,创投公司数量占全国的1/3,管理资金居全国首位,大部分外资VC/PE在深圳设有办公室。全国的各中心城市都在为吸引创投资源动脑筋、想办法,山东更要下大力、想奇招,吸引风险投资机构入驻,支持天使资本、风险资本建立创业投资基金,推动创投基金与孵化器、众创空间合作,为初创科技企业孵化提供支持。

① VC为风险投资,PE为私募股权投资。

对话八　多措并举　实现创新驱动发展

赵刚，科技部中国科学技术发展战略研究院研究员，兼任科技部、国家发改委可再生能源与新能源国际科技合作计划办公室副主任。主要从事地缘战略与国家安全、科技外交与国际科技合作、科技发展战略、科技创新政策等研究，提出了“地缘科技学理论”，在国内外学术界产生了广泛影响。研究成果多次获得国家、省部领导批示，多次获得国家、省部级奖励。

主要观点

1.山东应坚持全面创新、全链创新、全球创新的思路，打造一流创新创业生态：全面推动理论创新、制度创新、文化创新、科技创新；按照产业链配置创新链，按照创新链配置资金链，推动全产业链创新，以全球视野谋划和推动创新、整合国际创新资源。

2.山东要着力建设两大高地：重大颠覆性技术发源地、新兴产业和战略必争产业集聚地；打造三大平台：世界一流人才集聚平台、全球高端产业企业总部基地、全球新兴产业独角兽企业总部基地；重点培育四类企业：独角兽企业、隐形冠军企业、创新千强企业、500 强企业；打造五个国际一流高端社区：科学社区、产业社区、人才社区、科技金融社区、文化休闲社区。

对话内容

对话小组：根据当前山东创新驱动发展中面临的诸多问题，您有何建议？

赵刚：我想从五个方面谈一下关于山东创新发展的若干建议。

第一，打造一流创新创业生态的总体思路。

1.全面创新：理论创新、制度创新、文化创新、科技创新。

2.全链创新：按照产业链配置创新链，按照创新链配置资金链。

3.全球创新：以全球视野谋划和推动创新，整合国际创新资源。

第二，建设两大高地。

1.重大颠覆性技术发源地。党的十九大报告指出，建设创新型国家，要突出"颠覆性技术创新"。颠覆性技术创新是指打破传统技术发展路线，能够产生颠覆性效应的技术。未来山东就要重点发展这些颠覆性技术，成为重大颠覆性技术的发源地。其中抢占战略制高点的技术将涉及量子信息、人工智能、移动互联网、基因编辑、合成生物学、石墨烯、超材料等方面；解决重大战略需求，支撑经济社会快速发展的技术则包括智能高铁、低真空管道磁悬浮铁路、智能无人飞行器、仿生智能集群技术等。

2.新兴产业和战略必争产业集聚地。战略性新兴产业是新兴科技和新兴产业的一个深度结合，是国家产业发展的重点目标和主要方向，是推动国家经济社会发展的重要力量，具有以下几个特征：科技创新性、持续增长性、产业关联性。当前，我国的战略性新兴产业分九大产业，分别是新一代信息技术产业、高端装备制造产业、新材料产业、生物产业、新能源汽车产业、新能源产业、节能环保产业、数字创意产业、相关服务业。战略性新兴产业代表新一轮科技革命和产业变革的方向，是培育发展新动能、获取未来竞争新优势的关键领域。未来山东必须把培育和壮大高端产业作为主攻方向，按照"一体多翼"的发展思路，强化要素支撑，围绕产业链部署创新链，启动新兴产业和战略必争产业的布局。

第三，打造三大平台。

1.世界一流人才集聚平台。建设旨在面向国际科学前沿，以实施国家重大科学战略为己任，以基础性前沿性科学研究和应用基础研究为主攻方向，建设国际一流的科学平台和大科学装置，加强国际交流合作，不断扩大国际影响，打造原始创新的策源地、著名学者的集聚地、青年科学家的成长地。

2.全球高端产业企业总部基地。总部企业是伴随着经济全球化程度的加深、信息网络技术的快速发展出现的"总体"与"生产制造"环节在空间上分离而形成的一种新组织形态，即企业高端功能（如管理、研发、投资、营销、送配、采购及以上功能的区域指挥中心）与中低端功能（如生产加工、销售网络部分）在空间上分离。总部经济是区域转型、产业升级的发展需要。

3.全球新兴产业独角兽企业总部基地。作为爆发式成长的代表，独角兽企业被认为是新经济时代科技创新的集中体现

第四，重点培育四类企业。

重点培育四类企业，即独角兽企业、隐形冠军企业、创新千强企业、500 强企业。

1.独角兽企业。独角兽企业一般是指成立 10 年以内、估值超过 10 亿美元、获得过私募投资且尚未上市的企业。在大众创业、万众创新的浪潮中，独角兽企业已成为推动经济中高速增长、迈向中高端水平的重要引擎。2015 年，我国独角兽企业只有 70 家，而到了 2016 年已达 131 家，其中技术驱动型占绝大多数，104 家产生在国家级高新区。目前国内已经有 16 个城市出现了独角兽企业，其中，北京、上海、深圳、杭州依托良好的创新创业生态，成为我国独角兽企业主要集聚区域，均超过 10 家，且主要集中在国家级高新区。

2.隐形冠军企业。著名管理大师赫尔曼·西蒙在《隐形冠军：谁是最优秀的公司》中首次界定“隐形冠军企业”，指在国内或国际市场上占据绝大部分份额，但社会知名度很低的中小企业。

3.创新千强企业。普华永道每年都会发布全球创新千强企业榜单，2018 年入选千强的中国企业数量为 175 家。

4.500 强企业。美国《财富》杂志每年都会评选出世界 500 强企业，500 强企业对一个地方经济发展的带动作用显而易见，培育 500 强企业应该成为山东重大战略发展方向。

第五，打造五个高端社区。

1.打造国际一流的科学社区。要加强基础科学和重大关键技术的研发，吸引和支持各类企业、高等院校、科研机构率先投入开展基础研究和重大关键技术的攻关。支持中试基地、中试生产线建设，加快推进创新科研成果转化应用和产业化。建立完善政府优先采购和带头使用创新型企业新技术、新产品的制度，打造国际一流的科学社区，吸引国内外高水平的研发机构、大学和企业在山东建立研发中心、研究院等高端研发平台。

2.打造国际一流的产业社区。产业社区是以产业为基础，融入城市生活等

功能,产业要素与城市协同发展的新型产业集聚区的新概念,它相对于传统产业园区来说,打破了地理边界,空间更开放,企业生态更多元,社群交流更活跃。在从工业园、产业园到产业社区的发展历程中,名称变化的背后是产业与城市相互融合的过程,产业社区区别或进步于工业园、产业园之处在于,产业社区将产业反映的空间形态与城市的各个层面融合起来,是未来产城布局的创新空间模式。

3.打造国际一流的人才社区。研究分析,全球各大成功的产业创新中心的身后都离不开世界一流大学的身影,一流的大学又是一流人才聚集地。当今全球经济被称为知识经济,支撑知识经济的元素有创新、区域经济知识覆盖率、创新程度以及知识劳动力的供应。高校在区域经济发展中扮演着重要的角色。高校作为公司、政府和研发部门间的媒介,持续推动知识创新、知识转移和知识履行。高校的贡献不仅在于促进区域经济发展,还在于为区域经济发展不断注入新的活力和能力,促进区域可持续发展。比如斯坦福大学对于硅谷,北大、清华对于中关村的意义莫不如此。因此山东不应满足于建成几十所高校,还应积极引进或创建世界一流大学,并依托一流的高校打造一流的人才社区。

4.建设国际一流的科技金融社区。加快建设山东科技金融社区,出台促进金融创新发展的新举措。提升金融业支柱地位。集聚天使投资、创业投资和股权投资,打造若干千亿级基金集聚区。大力发展金融科技,探索设立科技金融租赁、科技保险法人机构,增强金融支持科技创新、服务实体经济能力,引导金融活水更多地浇灌中小微企业。排查处置涉众型金融风险,严厉打击违法违规金融活动。探索与知名研究机构共建科技金融、量化金融实验室,促进科技与金融深度融合。

5.打造国际一流的文化休闲社区。发展科创中心离不开人这个要素,产业聚集了大量就业人才,是社区形成的基础,而通过打造文化休闲娱乐设施可以增强对人才的吸引力,除此之外还要打造生态、舒适的生活环境,为生产者提供宜居宜业的社区环境。

对话九　以实招狠招优化营商环境　夯实发展动能

张菲，商务部国际贸易经济合作研究院外国投资研究所副主任、清华大学经济外交中心研究员。长期从事外商直接投资、营商环境等领域的研究，参与首届跨国公司领导人青岛峰会的筹办工作。

主要观点

1.营商环境是区域竞争的重要手段。优化营商环境，本质上在于适应市场经济的现代文化和规则意识的培育。山东营商环境的最大弊端在于规矩意识过重、规则意识不足，缺乏新经济发育所必需的规则意识(例如市场规则、法律规则、行业规则等)。

2.山东优化营商环境应从“小处着手、大处着眼”，以实招狠招推动优化营商环境的系列举措有效落地，而不能只停留在文件上；更要着重提高贸易和投资的便利化、自由化水平，建设以市场化、法治化、国际化为导向的营商环境。

3.山东应重点加强与日本、韩国、德国的经贸合作，同时依托中国(山东)自由贸易试验区建设加快体制机制探索。

4.跨国公司领导人青岛峰会是山东吸引外资的重要窗口，山东应加大重视程度和资源投入。同时，提升鲁商大会和全球鲁商湾区论坛的国际化水平，以开放、创新、包容的理念在国际规则框架下寻找合作机会。

对话内容

对话小组：良好的营商环境能够显著降低制度性交易成本，有效稳定投资者预期，广泛聚集经济资源要素，是推动经济高质量发展的必要条件，也是推动经济发展质量变革、效率变革、动力变革的重要抓手。近年来，各地区加大营商环境改革力度，以市场化、法治化、国际化为导向，连续推出一批创新性强、影响力大的改革举措，取得显著成效。与国内先进地区相比，山东营商环境仍有较大的提升空间。您如何看待山东营商环境存在的根本性问题？

张菲：营商环境是区域竞争的重要手段。党的十八大以来，各地积极实行营商环境综合优化举措，营商环境大幅改善。相比较而言，不是山东的营商环境恶化了，而是很多地区的营商环境持续优化，显得山东的营商环境滞后了。以陕西为例，2019年陕西推进优化提升营商环境十大行动，运行企业开办全程网上办平台，按照“一扇门、一张网、一次办”工作要求，持续加大简政放权力度，对国务院取消和下放的行政许可事项进行认真研究，推进政务服务事项梳理，发展改革、教育、公安、市场监管等部门的网上政务服务旗舰店上线，形成了优化便民服务的“陕西样板”。营商环境的改善极大地调动了市场主体活力，激发了社会创造潜力，有力地带动了陕西的经济发展。

山东营商环境的最大弊端在于规矩意识过重、规则意识不足。市场经济是契约化、法治化的经济，现代文明以规则意识为基本准绳。尤其是新经济发育对完善的市场规则有很高要求，“新经济、新规则”逐渐成为中国经济转型升级的一个侧面写照。一方面，创业创新与市场化程度是相向而行的，更相信和依靠市场、市场主体更加多元、社会环境更具包容的地方，新经济才会有生长的土壤；另一方面，只有破除阻碍创业创新的体制机制藩篱，确立规则意识，才能让新经济有一个公平竞争的环境，让更多的人积极投身创业创新实践。山东恰恰缺乏新经济发育所必需的规则意识（例如市场规则、法律规则、行业规则等）。受到传统文化和传统发展理念的束缚，山东讲求“规矩”而忽视“规则”，人情关系至上，法治观念不足，在招商引资中存在形式主义作风，接待礼节在全国首屈一指，但是经常出现不能兑现契约的情况，项目洽谈时场面宏大，项目落地时虎头蛇尾。山东优化营商环境，本质上在于适应市场经济的现代文化和培育规则意识。

“官本位”思想也是山东营商环境的一大弊端。在“官本位”思想下，一方面，官员追求稳妥保守的治理理念，存在政府掌控一切资源的错误认识，不善于调动社会各方的积极性和能动性；另一方面，权力破坏规则、破坏法治的情况屡见不鲜，恶化了企业的投资预期。近期通过自媒体被推上社会舆论风口浪尖的“合村并居”事件，就是“官本位”思想的一个体现，不利于山东树立良好营商环境的形象。

对话小组：针对自身存在的问题，山东一方面在优化市场准入环境、营造公平竞争环境等方面开展积极探索，另一方面注重打造招商引资和深化开放的窗口，如先后举办上海合作组织青岛峰会、跨国公司领导人青岛峰会、全球鲁商湾区论坛等全球性盛会，希望借此提升山东的国际形象。您如何评价山东的这些举措？

张菲：山东改善营商环境和深化对外开放的努力值得肯定，但需要认识到，仅仅依靠行政力量驱动的“会场经济”，恐怕难以达到可持续提振经济的预期效果。

首先，上海合作组织青岛峰会具有重大的政治意义，但经济意义尚不显著。中国—上海合作组织地方经贸合作示范区落户青岛，为山东深化与上海合作组织成员国的经贸合作提供了契机。但是，山东与上合组织成员国缺乏经贸合作的渊源和基础，且以俄罗斯为代表的上合组织成员国经济体量较小，经贸合作主要体现在大宗商品的物流集散上，对山东经济的带动作用有待验证。

其次，跨国公司领导人青岛峰会是山东吸引外资的重要窗口，山东应加大重视程度和资源投入。目前，山东跨国企业不多，对外资的吸引力远远落后于广东和江浙，经济发展的内循环属性较强。跨国企业是一个地区融入全球价值链和参与国际竞争的重要载体，对地区的开放水平和发展质量有直接影响，并能间接推动营商环境和政府治理能力的提升。山东可以依托跨国公司领导人青岛峰会这一平台，加大对外资的引进力度，改善外界对山东的刻板印象。首届跨国公司领导人青岛峰会不仅搭建了跨国公司同中国合作的大平台，也架起了其他省市与山东交流互鉴的新桥梁，山东在峰会期间密集开展“双招双引”活动，已经取得一定成效。

最后，鲁商大会和全球鲁商湾区论坛在展示鲁商文化的同时，也体现出较大的局限性。在全球化深度发展的今天，需要强调对接国际规则和开放、创新、包容的理念，在国际规则框架下寻找合作机会，而不应过于强调地域性的商业价值观。鲁商大会可以为山东企业搭建商务沟通平台，但无法承担起山东深化对外开放的重任。

对话小组：结合全国各地的探索，您认为山东应重点从哪些角度优化营商环境？

张菲：山东优化营商环境应从“小处着手、大处着眼”，以实招狠招推动优化营商环境的系列举措有效落地，而不能只停留在文件上。

第一，基层办事窗口的效率、办事人员的服务素质、办事流程的公开透明以及科学合理程度是营商环境优劣的直接表现，山东应从基层办事窗口着手提升政府服务效能和质量。例如，海南自贸港招商引资中实施的“极简审批”，通过精简审批事项、优化审批流程、压缩审批时限等促使营商环境不断提升。北京为压缩企业设立登记时间，通过“名称自主预查”“经营范围规范化”“系统智能审批”以及落实“容缺受理”“网上办照”等措施，实现营业执照办理再提速，企业当天即可领取营业执照。江苏出台关于推行“3550”改革的意见，明确“3个工作日内完成企业开办、5个工作日内完成不动产登记、50个工作日内完成工业建设项目施工许可”的改革目标。山东应加强基层公务人员的系统培训，提升其服务意识和技能水平。

第二，提高贸易和投资的便利化、自由化水平，建设以市场化、法治化、国际化为导向的营商环境。便利化是对营商环境的基础要求，各地在投资便利化方面做了大量探索，如北京全面建设数字北京和智慧政务，大力推广并联审批、在线办理、“一网办”、“一窗受理”等服务形式，实现“让数据多跑路、群众少跑腿”，使办事像“网购”一样方便。自由化和法治化是对营商环境的更高要求，也是激发和保护企业家精神的根本保障。针对企业家缺乏稳定预期的问题，广东率先开展涉及产权保护的地方性法规、规章、规范性文件的清理完善，严格保护各类产权，全面推进营商法治化建设，制订法治化营商环境建设五年行动计划，等等。山东应对标国内营商环境最好的珠三角、长三角地区，下大力气推进贸易和投资的便利化、自由化，以更好地吸引国内外投资者。

对话小组：中共中央政治局常委会会议提出，加快形成以国内大循环为主体、国内国际双循环相互促进的新发展格局。在当前复杂多变的国际形势下，中美加快经济和科技“脱钩”，中国面临新的开放环境。山东对外开放力度和外向型经济发展水平在东部沿海省份中处于下游位次，国际循环不足，未能充分撬动两个市场、两种资源带动经济增长和产业升级。在当前形势下，山东应把深化对外开放的重点放在哪里？

张菲：以国内大循环为主体、国内国际双循环相互促进的新发展格局为山东带来一定发展机遇。在新一轮对外开放中，山东需要立足自身优势，依托中国(山东)自由贸易试验区加快体制机制探索，建设对外开放的新高地。

第一，山东应重点加强与日本、韩国、德国的经贸合作。日本、韩国、德国是山东重要的贸易和投资伙伴，双边合作基础良好，与国内其他地区相比，山东与日本、韩国、德国三国的合作具有有利的区位优势和深厚的历史渊源。在中美“脱钩”的背景下，山东加强与上述三国的经贸合作尤为必要。日本、韩国、德国均是掌握大量核心、尖端技术的发达国家，经济实力强劲，在化工、冶金、机械、医药、海洋等众多产业领域与山东有较好的互补性。山东可以重点引进日本、韩国、德国的企业来鲁投资，在青岛、济南、烟台等地扩大中日、中韩、中德的国际产业园区建设，快速补齐产业链短板，加快核心技术的学习和自主创新。

第二，山东应依托自贸区加快体制机制探索。自贸区是各地深化对外开放的绝佳载体。如依托第一批自由贸易试验区建设，广东全面推动贸易和投资便利化，90%以上的外商投资项目已实现备案管理；构建对接国际的高标准经贸规则新体系，国际贸易跨边检、海事、港务等多部门“单一窗口”申报，等等。山东可以结合各地的有益探索，在自贸区内推行集成创新，打造最为便捷的投资环境。

参考文献

[1]安虎森,周江涛.影响我国南北经济差距的主要因素分析[J].经济纵横,2021(07):28-38.

[2]白冰,赵作权,张佩.中国南北区域经济空间融合发展的趋势与布局[J].经济地理,2021,41(02):1-10.

[3]蔡之兵.南北分化视角下的北方区域经济失速问题探因[J].江淮论坛,2019(05):70-77.

[4]陈文晖,王婧倩.我国生产力布局历史演进、发展现状及未来展望[J].科技智囊,2021(04):28-36.

[5]陈晓东.构建区域经济发展新格局的若干重大问题[J].区域经济评论,2021(04):39-48.

[6]陈钊.我国东、中部地区的南北发展差异[J].地理研究,1999(01):80-87.

[7]戴德颐.基于资源异质性的南北经济发展差距研究[J].技术经济与管理研究,2020(01):94-98.

[8]邓忠奇,高廷帆,朱峰.地区差距与供给侧结构性改革:"三期叠加"下的内生增长[J].经济研究,2020,55(10):22-37.

[9]董雪兵,池若楠.中国区域经济差异与收敛的时空演进特征[J].经济地理,2020,40(10):11-21.

[10]董志凯,吴江.新中国工业的奠基石:156项建设研究(1950—2000)[M].广州:广东经济出版社,2004.

[11]杜宇,吴传清.中国南北经济差距扩大:现象、成因与对策[J].安徽大学学报(哲学社会科学版),2020,44(01):148-156.

[12]樊杰,赵浩,郭锐.我国区域发展差距变化的新趋势与应对策略[J].经济地理,2022,42(01):1-11.

[13]范恒山,肖金成,方创琳,等.城市群发展:新特点新思路新方向[J].区域经济评论,2017(05):1-25.

[14]郭爱君,范巧.南北经济协调视角下国家级新区的北—南协同发展研究[J].贵州社会科学,2019(02):117-127.

[15]郭妍,张立光.我国区域经济的南北分化及其成因[J].山东社会科学,2018(11):154-159.

[16]黄平.中国南北经济发展差距研究[D].成都:四川大学,2021.

[17]江建明,姚源果,孟捷.我国南北方经济差距时空演变特征分析[J].统计与决策,2021,37(16):119-122.

[18]李培林.理解与应对:我国新发展阶段的南北差距[J].社会发展研究,2022,9(01):1-13,242.

[19]李善同,何建武,唐泽地.从价值链分工看中国经济发展南北差距的扩大[J].中国经济报告,2019(02):16-21.

[20]刘学良,续继,宋炳妮.中国区域发展不平衡的历史动态、表现和成因:东西差距和南北差距的视角[J].产业经济评论,2022(02):152-167.

[21]年猛.中国南北经济差异的原因透视[J].群言,2019(08):13-15.

[22]牛树海,杨梦瑶.中国区域经济差距的变迁及政策调整建议[J].区域经济评论,2020(02):37-43.

[23]盛来运,郑鑫,周平,等.我国经济发展南北差距扩大的原因分析[J].管理世界,2018,34(09):16-24.

[24]盛垒,张子彧.我国南北经济分化的影响因素研究:基于区域创新能力差异的视角[J].华中师范大学学报(自然科学版),2021,55(05):727-740.

[25]孙久文,李华.我国区域经济发展的新特征与新趋势[J].贵州社会科学,2017(03):122-126.

[26]孙久文.论新时代区域协调发展战略的发展与创新[J].国家行政学院学报,2018(04):109-114,151.

[27]孙三百,张可云.中国区域经济分化与空间动能解析[J].经济理论与经济管理,2022,42(05):21-35.

[28]魏后凯,年猛,李功."十四五"时期中国区域发展战略与政策[J].中国工业经济,2020(05):5-22.

[29]吴楚豪,王恕立.中国省级 GDP 构成与南北经济分化[J].经济评论,2020(06):44-59.

[30]吴殿廷.试论中国经济增长的南北差异[J].地理研究,2001,(02):

238-246.

[31]夏成,潘彪,黄征学,等.南北协调发展现状、趋势及风险防范[J].区域经济评论,2021(06):40-49.

[32]肖金成,沈体雁,左万水.中国经济南北差距扩大的原因与趋势分析——中国区域经济50人论坛第二十次专题研讨会综述[J].经济与管理,2022,36(01):40-47.

[33]许宪春,雷泽坤,窦园园,等.中国南北平衡发展差距研究:基于“中国平衡发展指数”的综合分析[J].中国工业经济,2021(02):5-22.

[34]闫佳敏,沈坤荣.中国南北经济差距的测度及原因分析[J].首都经济贸易大学学报,2022,24(02):3-14.

[35]杨多贵,刘开迪,周志田.我国南北地区经济发展差距及演变分析[J].中国科学院院刊,2018,33(10):1083-1092.

[36]杨明洪,黄平.南北差距中的结构效应及空间差异性测度[J].经济问题探索,2020(05):1-13.

[37]杨明洪,巨栋,涂开均.“南北差距”:中国区域发展格局演化的事实、成因与政策响应[J].经济理论与经济管理,2021,41(04):97-112.

[38]杨明洪,涂开均,巨栋.“南北差距”的理论解释与政策机理[J].河北经贸大学学报,2021,42(05):37-45.

[39]张存刚,王传智.中国南北区域经济发展差异问题分析及建议[J].兰州文理学院学报(社会科学版),2019,35(06):57-65.

[40]张可云,王洋志,孙鹏,等.西部地区南北经济分化的演化过程、成因与影响因素[J].经济学家,2021(03):52-62.

[41]赵建安.中国南北区域经济发展的互补性研究[J].地理研究,1998(04):375-382.

[42]郑新立,范恒山,董雪兵,等.构建新发展格局 推进区域协调发展:南北差距研讨会发言摘编[J].河北经贸大学学报(综合版),2021,21(04):26-36.

[43]周加来,李刚.区域经济发展差距:新经济地理、要素流动与经济政策[J].经济理论与经济管理,2008(09):29-34.

[44]周民良.经济重心、区域差距与协调发展[J].中国社会科学,2000(02):42-53.

[45]周晓波,陈璋,王继源.中国南北方经济分化的现状、原因与对策:一个需要重视的新趋势[J].河北经贸大学学报,2019,40(03):1-9,39.